JN004239

はじめてでもうまくいく！

わかりやすい 多肉植物の育て方

A Guidebook to Succulents

カクタス長田
長田 研 監修

永岡書店

はじめに

普通の草花とはやや趣の異なる多肉植物。砂漠や岩場、海岸線などの乾燥した場所で育つ植物のため、根・茎・葉などに水分を蓄えておく機能を備えているのが特徴です。ぷっくりとした葉や茎は種ごとに独自のフォルムを形成し、それが多肉植物の魅力といえます。

多肉植物は花が咲いたら終わりといった一過性のものではなく、葉や茎や幹、種類よってはふくらんだ根までを観賞し、盆栽のようにひと鉢ごとの栽培を長く楽しむ種類が多い植物です。本書では、基本的な栽培のコツから栽培中のトラブル対処まで、幅広く利用してもらえる情報を紹介しています。

また、メインとなる植物カタログでは、栽培が容易で市場流通の多い品種から少しめずらしい品種まで、多肉ビギナーだけでなく中級者以上の人にも楽しんでもらえるものを掲載しています。

この本から、多肉植物の多様性や魅力を再発見していただくことで、多肉栽培のおもしろさがアップするはずです。多肉植物と過ごす日常をおおいに楽しんでください。

カクタス長田
長田 研

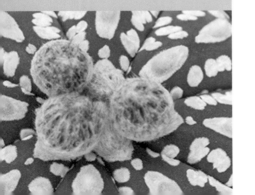

part 1

多肉植物を
育てる前に
知っておくこと

一般的な草花に比べ、細かな手間をかけなくても育つため、
多肉植物は、園芸初心者でも比較的失敗の少ない植物です。
まずは、多肉植物がどんな植物なのかを知り、
栽培に必要なもの、必要な環境などを確認しておきましょう。
育て方の基本的なポイントを押さえておけば、
誰でも手軽に栽培を楽しむことができます。

多肉植物の楽しみ方

　多肉植物は一般に、アガベ属、セダム属、ハオルチア属など生物分類の「属」という階級で区分されることが多い植物です。同じ属でも自生地は世界各地に分布していて、その環境の多様性が個性的な形態や習性を生み出したといえます。

　形や色など見た目だけでもバラエティに富んでいるのが多肉植物のおもしろさです。好みのものをコレクションしたり、ひと鉢をじっくり育てたり、寄せ植えに挑戦したり、楽しみ方は人それぞれ。多肉植物らしい姿の一部をご紹介します。

花のように見える葉

葉がロゼット状につき花のような形です。エケベリア属、アエオニウム属、グラプトペタラム属、センペルビウム属、オロスタキス属などに多く見られます。女性に人気のあるタイプです。

エケベリア属
ローラ

センペルビウム属
バニラシフォン

アエオニウム属
マルディグラ

石のように見える葉

鉱石のように輝く葉、かたい葉、球状の葉をもつものがあります。ハオルチア属、ガステリア属、メセン類と呼ばれるリトープス属やコノフィツム属などはコレクション性があり人気です。

コノフィツム属
マルニエリアナム

リトープス属
麗紅玉

ガステリア属
臥牛

とげとげしい姿

トゲのあるサボテン科も多肉植物の一種。アガベ属、アロエ属はかたいトゲをもつ種類もあり、ハオルチア属やユーフォルビア属、サンセベリア属にもとげとげしく見えるものがあります。

ユーフォルビア属
紅彩閣

アガベ属
チタノタ

エリオシケ属
ピローサ

ふくらんだ姿

幹や根が大きくふくらんだものはコーデックス（塊根植物）と呼ばれています。属は多岐に渡り、かわいらしい葉とワイルドな幹のアンバランスさが人気のタイプです。

ユーフォルビア属
奇怪ケ島

チレコドン属
万物想

パキポディウム属
ホロンベンセ

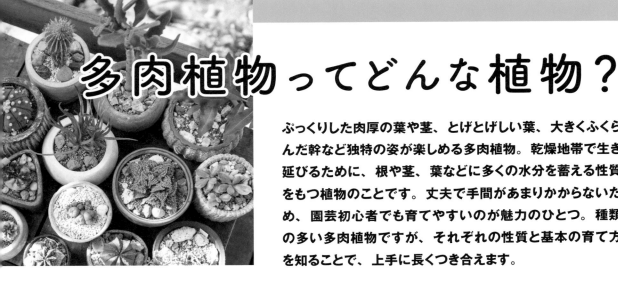

多肉植物ってどんな植物？

ぷっくりした肉厚の葉や茎、とげとげしい葉、大きくふくらんだ幹など独特の姿が楽しめる多肉植物。乾燥地帯で生き延びるために、根や茎、葉などに多くの水分を蓄える性質をもつ植物のことです。丈夫で手間があまりかからないため、園芸初心者でも育てやすいのが魅力のひとつ。種類の多い多肉植物ですが、それぞれの性質と基本の育て方を知ることで、上手に長くつき合えます。

それぞれの
生育サイクルを知ろう！

多肉植物の生育型は
3 タイプ！

 春秋型　 夏型　 冬型

植物は気温や環境によって、活動が旺盛になる生育期と活動を緩める休眠期をくり返して生長していきます。植物を上手に育てるには、生育サイクルに合わせた管理が必要です。

多肉植物の場合は原産地の環境ごとに、「春秋型」「夏型」「冬型」の3つの生育型に分類されます。生育型によって季節ごとの管理が変わるので、まずは自分が育てたい多肉植物の生育型を知ることが大切です。

春秋型の生育サイクル

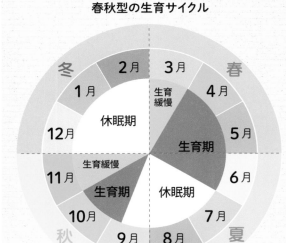

冬　2月　3月　春
1月　4月
生育緩慢
休眠期　5月
12月　生育期
生育緩慢　6月
11月　休眠期
生育期　7月
10月　9月　8月　夏
秋

春秋型

10〜25℃程度の気温で生育が旺盛になるタイプです。冬は休眠期になり、夏は暑さで生育がゆっくりになります。代謝が落ちた状態で多湿状態になると根腐れを起こすことが多いので、水やりをごく控えめにして強制的に休眠状態にさせると、株が弱るのを防げます。

代表的なもの

オロスタキス属、エケベリア属、グラプトペタラム属、セダム属、センペルビウム属などベンケイソウ科の多く、クラッスラ属の一部、ハオルチア属など。

夏型の生育サイクル

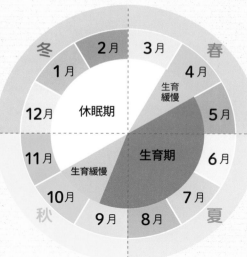

夏型

20〜35℃程度の気温で生育が旺盛になるタイプです。冬は休眠期になり、春と秋は生育がゆっくりになります。冬は水やりを控え乾燥気味にし、根腐れを防ぎます。夏型でも暑すぎると生育が悪くなるものがあるので、遮光が必要な場合もあります。

代表的なもの

サボテン科の多く、アガベ属、アデニウム属、アロエ属、ガステリア属、カランコエ属、クラッスラ属の一部、パキポディウム属など。

冬型の生育サイクル

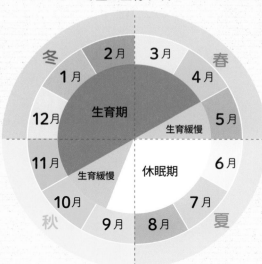

冬型

5〜20℃程度の気温で生育が旺盛になるタイプです。夏は休眠期になり、春と秋は生育がゆっくりになります。夏は水やりを控え乾燥気味にし、根腐れを防ぎます。冬でも室内の気温が高い場所などでは休眠してしまうことがあります。

代表的なもの

リトープスやコノフィツムなどの冬型メセン類、アエオニウム属、セネシオ属、オトンナ属、クラッスラ属の一部、ダドレヤ属など。

属ごとの栽培カレンダー

　本書では植物カタログページに、属ごとに基本の栽培カレンダーを紹介しています（➡ part 2）。ただし、生育型は同じ属であっても異なったり、明確な生育型が決められていない種類もあります。栽培環境によっては、標準的な生育サイクルと異なる様子を見せることもあります。大切なのは日ごろの観察で、植物の状態に合う管理を心がけることです。

管理・作業	1月	2月	3月	4月	5月	6月	7月	8月	9月	10月	11月	12月
生育状況	生育期				生育緩慢		休眠期		生育緩慢		生育期	
置き場	日当たりのよい屋内					涼しい明るい半日陰				風通しのよい日向	日当たりのよい屋内	
水やり	表土が乾いたらたっぷり				徐々に減らす（1か月に1〜2回）		断水。必要に応じて葉水		徐々に減らす（1か月に1〜2回）		表土が乾いたらたっぷり	
肥料	緩効性化学肥料を2か月に1回または、液肥を1週間に1回									緩効性化学肥料を2か月に1回または、液肥を1週間に1回		
おもな作業	植え替え、株分け、切り戻し、挿し木、葉挿しなど									植え替え、株分け、切り戻し、挿し木、葉挿し、タネまきなど		

多肉植物を選ぶときのポイント

多肉植物の苗は小ぶりで愛らしいのが魅力で、お店で見かけると、見た目につられて状態をよく確認せずに買ってしまいがちです。同じ種類の苗でも育った環境で生育状態が違います。よい苗を入手することが栽培成功のカギですから、苗をよく見て買いましょう。

いつ買う？

多肉植物は1年を通して購入することができますが、活動が旺盛な生育期に購入するのがベストです。多肉植物には3つの生育型があり（➡ P6）、それぞれの生育型によって生育期が異なります。

自分がほしい種類がどの生育型かを知っておくと、最適な購入時期を検討できます。生育型は栽培のしかたに関係してきます。生育型を知らずに買ってしまったときは、入手後に必ず確認しましょう。

どこで買う？

園芸店はもちろん、雑貨店やインテリアショップ、通信販売などでも買うことができます。100円ショップでも見かけますが、初心者であれば、園芸店や植物の担当者がいるホームセンターで買うのがおすすめです。最大のメリットは、苗の良し悪しの判断や栽培方法を聞けること。お店の管理状態と似たように管理ができれば、すぐにダメにしてしまう可能性が低くなります。

どれを選ぶ？

多肉植物は種類が多く選ぶのに迷いますが、ベンケイソウ科のもの、アガベ（➡ P62）やアロエの仲間（➡ P64）は初心者にも育てやすい種類です。メセン類（➡ P76）やサボテン（➡ P92）、コーデックス（➡ P114）などはコレクション性があり、人気です。ポット苗は購入後に植え替えや鉢増し（➡ P142）が必要ですが、すでに鉢に植えられたものはそのまま育てられます。もっとも重要なのは、種類の名前が記されたものを選ぶこと。名前がわかれば、生育型や育て方を調べることができます。

ここをみて選ぶ！
理想の苗の見極め方

購入時にはしっかり苗の状態を確認しましょう。理想の苗は、茎や葉が充実していてよく茂っているものです。茎の下のほうの葉が落ちていないか、徒長していないか、葉のあいだが間伸びしていないか、葉の色はきれいに発色しているか、枯れかかった黒い点や病気のようなしみがないかなどを点検しましょう。

葉
・一つ一つの葉に張りがある。
・葉と葉の間がつまっている。
・下葉が落ちていない。

全体
・多少枯れ葉などがあっても、全体的に張りがあり水々しい状態である。
・根が張っていて、触ってもあまりぐらぐらしない。

これはNG苗!!

下葉が枯れ落ちたセネシオ。鉢底から傷んだ根が出ている。

茎が徒長し、下葉が落ちたパキフィツム。通常の姿とはまったく異なる。

クラッスラ「火祭り」。通常より葉色が薄く、張りがない。節間も間伸びしている。

カット苗について

ホームセンターやネット通販などで、根がついていない多肉植物の枝葉だけが売られていることがあります。「カット苗」と呼ばれるもので、挿し木用の挿し穂の状態です（➡ P144）。

切り口が乾燥していれば、そのまま土に挿しても大丈夫です。乾燥していなければ2〜3日風通しのよい日陰に置いて乾かします。複数の種類がセット販売されていることが多いので、寄せ挿しが楽しめます。それぞれの種類を大きく育てないなら、寄せ挿し後、1〜2か月を目安に植え替えます。

いろいろな種類がセットになって販売されていることが多い。

寄せ挿しで楽しむ。長く育てたいなら1〜2か月後にそれぞれの苗を鉢に植え替える。

多肉植物を育てるのに必要なもの

自然の中で生きる植物は、人間の手が入らなくてもたくましく育っています。しかし、人工的に繁殖された苗を入手したら、丈夫に育てるための環境を整える必要があります。多肉植物を育てるのに必要な要素、最適な環境を覚えておきましょう。

多肉植物に必要な
要素って
なに？

まずは、苗を植えつける「土（用土）」が必要です。植物の生長には、光合成のための「光」と適量の「水分」、さらに「肥料」があると大きく育ちます。また、一般的な植物に比べ、やせて乾燥した土地に適応して生きてきたものが多い多肉植物は、水分が多すぎる状態（過湿）が苦手です。そのため、「風」を通して過湿にならない環境を保つことも必要です。

●必要な要素

光
太陽の光は光合成で育つ植物には欠かせないもの。真夏の直射は避けるが、基本はしっかり日に当てる。
置き場所 ➡ P14

風
多肉植物の苦手な過湿を避けるには、屋外でも室内でも風通しのよい場所に置くのが原則。場合によっては扇風機などを使ってもよい。
特別な管理 ➡ P18

土
多肉植物は地植えよりも鉢植えのほうが管理しやすい。水はけのよい用土にする。
用土 ➡ P12

肥料
多くは必要としないが、生長期に適量を施すことで、生育が促され丈夫に育つ。
肥料 ➡ P12

水
水分は根から吸収される。根が水分を吸収すると、土に含まれる栄養素や酸素も植物の体内に運ばれる。
水やり ➡ P14

多肉植物に最適な環境ってどんなもの？

　多肉植物は種類が豊富ですが、多くの種類は雨が少ない場所や強い日差しの当たる岩場など乾燥した環境に自生しています。そのため、日当たりと風通しは多肉植物にとって重要な要素です。

　長雨の時期があり、季節の気温差が激しい日本では、季節ごとに置き場所を変えて管理するのが上手に育てるポイントとなります。年間を通して風通しをよくし、季節ごとに日当たりや水やりの調整を行うことが大切です。（➡ P14）

Q 日当たりが悪いと？

　光の少ない場所で管理された多肉植物は、「徒長」しやすくなります。徒長は茎が間延びして節と節の間が開いてしまう状態です。病気とは違いますが、そのままでは貧弱な株になってしまいます。光の当たる場所へ移動しましょう。

　移動させるときはすぐに日向に出さず、明るい日陰〜明るい半日陰と1週間ほどかけて徐々に光にならします。急に強い日差しに当てると葉焼けを起こしてしまいます。

コーデックスの「火星人（フォッケア・エデュリス）」。つる先は葉のつく間隔が広くなっている。これは徒長のサイン。

紅葉には光が重要！

　多肉植物には、秋〜冬にかけて紅葉する種類があります。紅葉は気温が下がってくると出てくる現象ですが、日照の量も関係しています。朝夕の気温が20℃を下回る9月下旬ごろから冬の間は、太陽の光をたっぷり浴びせましょう。

紅葉する種類は、エケベリア、クラッスラ、センペルビウムなどに多い。

落葉は「枯れ」とは違うので注意を！

　葉が枯れ落ちてしまうと根腐れや病気を心配しがちですが、多肉植物にも落葉するタイプがあります。落葉は休眠期を迎える準備です。落葉しても幹や茎、塊根などがしっかりしていれば、病気ではないと判断できます。

冬型のアエオニウムは夏に落葉する。葉はしおれてくるが、幹は元気。パキポディウムなどの夏型コーデックスは冬に落葉して休眠する。

Q 風通しが悪いと？

　日本の夏は高温多湿で、多肉植物には過酷な環境です。風が通らないと鉢の中も蒸れてしまい、根腐れが起こりやすくなります。梅雨の時期などはひと晩でダメージを受けることもあるので要注意です。

根腐れを起こしたユーフォルビアの「エノプラモンスト（紅彩閣石化）」。水のやりすぎもNG。

多肉植物の栽培に適した 用土と肥料

鉢植えの多肉植物にとって、鉢に入れる用土は「家」といってもよいでしょう。快適な住まいづくりは植物にも必要です。植え替えなどの作業の際には、多肉植物に合った用土を用意し、適切な肥料を施すようにします。

多肉植物に適した用土とは？

ほとんどの多肉植物には明確な休眠期と生育期があり、休眠期には株全体を乾燥させる必要があります。そのため用土は、一般の草花用のものより排水性を高めた配合にします。おすすめの配合は右の2種類です。この配合土に、市販の固形肥料を元肥（もとごえ）として規定量混ぜ込み、植え替えや挿し木などの際の用土として使用します。

●水はけのよい配合

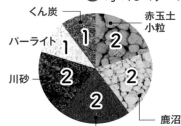

くん炭 1 / 赤玉土小粒 2 / パーライト 1 / 川砂 2 / 鹿沼土小粒 2 / 酸度調整済みのピートモス（または腐葉土） 2

過湿になりにくく、コーデックスや大きな株など根腐れを起こしやすい種類に適している。水やりをまめにできる人向きの配合。

●水もちのよい配合

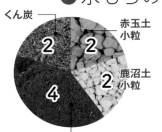

くん炭 / 赤玉土小粒 2 / 鹿沼土小粒 2 / 酸度調整済みのピートモス（または腐葉土） 4

水切れを起こしにくく、水やりの回数を少なく済ませられる。水やりを忘れがちな人、あまり時間が取れない人向きの配合。6号鉢より大きい鉢のときは、鉢底に軽石などを入れて水はけをよくするとよい。

●用土の種類

植物栽培に使う土には、基本の用土と排水や保水など用土の機能を高めるために加える改良用の用土があります。通常は、これらの用土をミックスして、植物に適した配合土をつくります。

基本の用土		改良用の用土	
赤玉土	**鹿沼土**	**ピートモス**	**腐葉土**
一般的に使われる園芸用の用土で、有機質をふくまず、排水性、通気性がよく、保肥性も高い。粒の大きさによって、大・中・小がある。	栃木県鹿沼地方で採れる火山灰土。多孔質で、有機質をふくまず酸性が強い。保水性、通気性がよい。	湿地に堆積した水ゴケが発酵したもので、腐葉土の代わりに使える。やや酸性なので酸度調整済みのものを使うとよい。	広葉樹の落ち葉を発酵させたもので、通気性と保水性がよく、水もちもよくなる。

肥料にはどんなものがあるの？

肥料には、植え替えや挿し木などの繁殖作業の際に入れる「元肥」と、元肥の効果が切れたあとの生育期に施す「追肥」があります。元肥には、長い期間おだやかに効き続ける「固形肥料」を用いることが多く、土に混ぜたり、鉢土の上に置いたりして使います。追肥は固形肥料のほかに、「液体肥料（液肥）」もよく使われます。液体肥料は効き目が速いのが特徴です。

原料によって、動物や植物由来の有機物でつくられた「有機肥料」と、化学的につくられた「化成肥料」があります。においがなく多肉植物に使いやすいのは化成肥料です。

● 多肉植物に適した肥料

植物に必要な基本の肥料は、窒素（N）、リン酸（P）、カリウム（K）の3つです。肥料にはひとつの成分だけの単肥と、数種の成分をまぜた混合肥料がありますが、多肉植物には、次の比率の混合肥料がおすすめです。

固形肥料の場合

N10、P10、K10の割合で配合されている緩効性の化成肥料。

【元肥】配合した用土に規定量を混ぜ込む。
【追肥】規定量よりも少なめの量を2か月に1回施す。

固形肥料の追肥は、通常の規定量よりも1～2割ほど少なめの量を鉢土の上に置く。

液体肥料の場合

N7、P4、K4で配合されているもの。水に溶かすタイプとそのまま使えるタイプがある。

【追肥】規定倍率の2倍に薄めて、1週間に1回施す。水やりと一緒に行ってもよい。

適した割合の肥料がない場合

ホームセンターやネット通販などで購入できる一般的な肥料には、おすすめの割合のものがあります。どうしても入手できない場合は、ひとつの成分だけの単肥をブレンドすれば適した配合にできます。

ここに注意！

肥料は生育期にのみ与えるようにし、休眠期には与えません。紅葉する種類は遅くまで肥料を与えると色づきが悪くなるので、通常より少し早めに施肥をやめます。

生育期でも肥料を与えすぎると根が傷み、株が腐る原因になります。市販の肥料は、それぞれ特徴や配合割合、使い方などの説明書きがありますから、それを必ず確認して適量を施します。

初心者に手軽な多肉植物用の土

園芸店やホームセンターなどでは、「多肉植物用の土」「サボテン用の土」などと書かれた用土を見かけることがあります。栽培初心者なら、こういったものを使うと手軽です。ただし、生育期でも1週間以上土が乾かない、夏以外でも1～2日で乾いてしまうなどの場合は、蒸れや乾燥しすぎなどの症状が出るので、用土を見直すのが無難です。

市販の配合土には、肥料分が含まれているものもあります。そういった配合土の場合は、元肥を入れる必要はありません。

パーライト
真珠岩というガラス質の火山岩をくだき、約1000℃で焼きかためたもの。排水性と通気性はよいが、保水性や保肥性には劣る。

川砂
排水性がよいので、赤玉土や鹿沼土にまぜて使うとよい。桐生砂などがある。

くん炭
もみがらを低温で蒸し焼きにしてつくる。栄養素はないが、通気性や保水性、排水性がよい。

最適な置き場所と上手な水やり

生育型に関係なく、多肉植物栽培の失敗でよくあるのが、過湿による根腐れと低温障害です。それを避けるためには、水やりのしかたと鉢の置き場所を意識するのがポイント。適切な水やりの方法と季節ごとの管理場所を確認しておきましょう。

正しい水やりの方法ってどんなもの？

多肉植物は時期によって水の与え方が変わります。それぞれの時期に適した与え方を覚えておきましょう。

この水やりはNG!

ちょろちょろ水やり
鉢土の表面がぬれる程度の水では、根まで水が届かず植物が水分を吸収できない。逆に土が蒸れる原因になる。

鉢皿の水を放置
鉢皿にたまった水をそのままにしておくと、いつまでも水分が乾かず根腐れの原因に。鉢皿の水は必ず捨てる。

生育期

どの生育型も、生育期の水やりは「表土が乾いたらたっぷりと」です。鉢底の穴から水が流れ出るまで与えます。

じょうろにハス口をつけてたっぷり与える。葉や花にかかってもよいが、タネを採りたいときは、花にはかけないようにする。

生育緩慢期

生育期が終わるころから徐々に水やりの回数を減らし、休眠期から生育期が始まる時期は徐々に増やします。鉢内の土が完全に乾いてから3〜4日後に1週間程度で乾く量が目安です。

水やり直後と土が乾いた状態の鉢を持ち上げてみて、鉢の重さで乾き具合を確認するとよい。

休眠期

夏型種は冬に水を断ちます。冬型は夏に断水しますが、乾燥しすぎている場合は葉水を与えます。春秋型は夏と冬に、月に1〜2回葉水を与えます。葉水は、鉢土が半日ほどで乾く程度の水やりです。

多肉植物のための葉水は、葉ではなく鉢土に水をかける。室内の場合は霧吹きでもよい。

●生育型別　季節ごとの置き場所と水やり

冬以外は基本的に屋外管理がおすすめです。どうしても屋外に出せない場合は、
室内でもできるだけ日当たりのよい場所に置き、冷暖房器具の風を当てないように管理します。

春秋型

春

置き場　3月に入り気温が上がり始めたら、日中はよく日の当たる屋外に移動させ、夕方には風通しのよい室内へ。4月下旬～6月ごろまでは、風通しがよい屋外の日向で管理する。

水やり　3月ごろから水やりを開始し、4～6月下旬まで表土が乾いたらたっぷり与える。

夏

置き場　7～9月ごろの気温が高い時期は、屋外の明るい半日陰（日中のうち半日くらい日が当たる場所）で、風通しよく雨に当たらないように管理する。

水やり　6月下旬から水やりを控え目にし、7～9月中旬ごろまでは月に1～2回、夕方～夜に葉水を与える。

秋

置き場　9月下旬～10月いっぱいは、春と同じように、風通しがよい屋外の日向で管理する。

水やり　生育期は表土が乾いたらたっぷりと与える。

冬

置き場　冬は日当たりのよい室内が基本。寒さに弱い種類は、1日の最低気温が10℃になるのを目安に室内へ。寒さに強いものでも霜には当てないほうが安全。

水やり　室内に取り込んだら、月に1～2回葉水を与える。

夏型

春

置き場　4月になったら、日中は屋外の日向に移し、少しずつ外の空気に触れさせる。5月になったら終日屋外でもよい。風通しのよい日の当たる場所で管理する。ハオルチアやガステリアは年間を通して室内の半日陰がベスト。

水やり　屋外に出すようになったら少しずつ増やす。5月以降は表土が乾いたらたっぷりと。

夏

置き場　7～9月ごろの気温が高い時期は、屋外の明るい半日陰（日中のうち半日くらい日が当たる場所）で、風通しよく雨に当たらないように管理する。

水やり　9月下旬ごろまでは表土が乾いたらたっぷりと与える。

秋

置き場　気温が下がり始めたら、日中は日の当たる場所で、夕方には室内に取り込む。11月には完全に室内管理に切り替えを。室内の日当たりのよい場所に置く。

水やり　9月下旬から徐々に減らし、11月に入ったら断水。

冬

置き場　3月ごろまでは風通しのよい室内の日当たりのよい場所で管理する。

水やり　11～3月までは水やりはせずに断水状態する。

冬型

春

置き場　4月に入り気温が高くなってきたら、屋外の風通しのよい半日陰に移動させる。

水やり　4月いっぱいはたっぷり与え、5月中は徐々に減らす。

夏

置き場　9月いっぱいまでは、屋外の風通しのよい半日陰に置く。直射日光は当てず、真夏でも涼しくなるような場所がベスト。梅雨時は雨に当てない。

水やり　6～9月中旬ごろまでは断水。クラッスラ、セネシオ、アエオニウム、モナンテスなど乾燥に弱いものは夕方～夜に葉水を与える。

秋

置き場　10月中は、屋外の日の当たる場所に置いて管理する。風通しをよくしておく。

水やり　9月下旬～10月の間は水やりの移行期で、徐々に増やす。11月以降は、表土が乾いたらたっぷり与える。

冬

置き場　11月に入り気温が下がってきたら室内に取り込み、室内の日当たりのよい場所に置く。メセン類はとくに風通しよく管理する。

水やり　4月いっぱいくらいまで、表土が乾いたらたっぷり与える。

注意したい病害虫について

病気や害虫の被害は、あっという間に広がってしまうこともあります。毎日の観察で、いつもとちがうと感じたときなどに、さらに注意して見ることで発見しやすくなります。

病害虫は日頃の観察でチェック！

斑点、変色、変形などを見つけたら、原因を探り早めに対処します。アブラムシなどはあっという間に数がふえますが、数が少ない段階で見つけて駆除すると、その後の大発生を防ぐことにつながります。新芽や花芽を好む害虫も多いので、生育期には重点的に観察しましょう。鉢土の過湿が原因で発生するものもあるので、鉢土に触れて、しめり具合を手の感覚として覚えるのも効果的です。

風通しをよくすることで防げるものもあります。病害虫が発生した後は、栽培環境が適切かどうかを見直しましょう。

薬剤の種類と散布時の注意点

病気に対する薬剤が殺菌剤、害虫を駆除するのが殺虫剤です。殺菌剤には、細菌類に効くものとカビ類（糸状菌）に効くものがあるので、症状に合わせて選びます。殺虫剤は応急的な処理ならスプレータイプが便利。予防や初期の駆除なら、浸透移行性の殺虫剤が効果的です。水に溶かすものと固形状があります。

病虫害の原因がはっきりわかっている場合には専用の薬剤を選ぶとよいのですが、初心者ならば菌にも害虫にも効果がある殺虫殺菌剤が使いやすいでしょう。

薬剤は、農薬取締法で使用できる植物が決まっていますから、必ず注意事項を読んで、使用方法を守って使いましょう。室内で育てている種類も、薬剤をまくときには屋外に出して行い、マスクをするなどして、薬剤を吸いこまないように注意します。

軟腐病

時期	6月中旬～7月中旬（雨の多い時期）
症状	葉、茎、花茎などの傷口から細菌が侵入する。ひどくなると腐敗して悪臭を放つ。
対処	初期の段階なら腐った部分を完全に切り取り、「ストマイ液剤20」など細菌性の病気に効果的な殺菌剤で消毒する。株が完全に乾燥したら新しい用土で植え替えを。症状が全体に広がってしまったら、その株は破棄する。

カビ

時期	4～7月中旬、10～11月
症状	葉、茎に白やグレー、黒などの斑点が出て、ひどくなると腐敗して悪臭を放つ。
対処	初期の段階なら被害部分を切り取り、「トップジンMゾル」などカビ類（糸状菌）に効果的な殺菌剤で消毒する。症状が全体に広がってしまったら、その株は破棄する。

カイガラムシ、コナカイガラムシ

時期	通年
症状	風通しが悪いと発生しやすい。葉、茎、花茎から汁を吸い、生育を妨げる。
対処	見つけたら、株を傷つけないように気をつけながら、歯ブラシなどでこすり取るか浸透移行性の殺虫剤を散布して駆除する。

カイガラムシの被害にあったユーフォルビア。薬剤を散布したあとの状態。

グラプトペタラム・ルスビーについたコナカイガラムシ。

サボテンネコナカイガラムシ

時期	通年
症状	カイガラムシの仲間で、地中で発生して根から汁を吸い、生育を妨げる。植え替え時に気づくことが多い。ネジラミと呼ぶこともある。
対処	被害を受けた株は、根は切り取って植え替える。または、浸透移行性の殺虫剤を散布して駆除する。

キノコバエの幼虫

時期	2 〜 6 月、9 〜 10 月
症状	有機物が多く、湿った用土に成虫が産卵し、ふ化した幼虫が根や葉を食害する。食害の跡から軟腐病が発生しやすい。
対処	用土が完全に乾いていることを確かめてから水やりをするように心がけることで発生を防ぐことができる。

アブラムシ

時期	多いのは 3 〜 5 月
症状	新芽や花芽などやわらかい部分の汁を吸い、生育を妨げる。
対処	歯ブラシでこすり落としたり、水流で飛ばす。スプレー式の殺虫剤を散布してもよい。

アザミウマ

時期	多いのは 4 〜 10 月
症状	新芽や花芽から汁を吸い、生育を妨げる。ハダニに似た症状で、被害部分はかさぶたのようになる。
対処	浸透移行性の殺虫剤を散布して駆除する。

ハダニ

時期	多いのは 4 〜 10 月
症状	新芽から吸汁し、生育を妨げる。被害部分はかさぶたのようになる。小さい虫なので肉眼では見つけにくい。葉が萎縮し変色してきたらハダニの可能性がある。
対処	殺ダニ剤を散布して駆除する。応急処置ならスプレー式の殺虫剤でもよい。

ハダニの被害にあったアデニウム。

ナメクジ・ヨトウムシ

時期	6 月中旬〜 7 月中旬（雨の多い時期）
症状	葉や茎を食害し、生育を妨げる。
対処	見つけしだい捕殺するか、浸透移行性の殺虫剤を散布して駆除する。

ナメクジは見つけたらすぐに補殺する。

失敗しがちな季節の管理方法

蒸し暑い夏、霜や雪の心配がある冬、梅雨時などは多肉植物にとっては過酷な時期です。逆にいうと、これらの時期を乗り越えられれば、株がダメージを受けることも少なくなります。特別な時期には普段よりも手を掛ける配慮が必要です。

夏の暑さ対策　管理ポイント

夏の管理は、生育型によって異なります。夏型種は強い日差しを受ける場所でも生育しますが、春秋型種と冬型種は半日陰が適しています。いずれの生育型でも過湿や風通しが悪い場所に置くと根腐れを起こしやすくなりますので、それを回避するのが夏越しのポイントです。

鉢は棚に置いて、日差しが強い場所は遮光の工夫を。寒冷紗やよしずなどは日差しを弱めながら通風を確保できるのでおすすめ。

水やりは夕方から夜にかけて

気温の高い日中に水やりをすると、濡れた株が暑さで蒸れてしまいます。水やりは朝や日中を避けて、夕方や夜間に行います。夜も暑さが残るときは、夕方から夜間に打ち水を行い、温度を下げて涼しくしてやるのもよいでしょう。

鉢は一段高い位置に

雨ざらしの鉢は地面からの湿気に当たりやすく、ベランダやガレージなどコンクリート上にある鉢は輻射熱で高温になります。どちらも夏の間は、棚やレンガなど一段高い位置に置くのがおすすめです。その際、エアコンの室外機の温風に当たらないようにしましょう。

強い日差しは遮光する

春秋型種と冬型種、夏型種でも一部の種類は、夏の直射日光では光が強すぎます。明るい半日陰の場所があればよいですが、ない場合は、寒冷紗などの日除けグッズを使って遮光しましょう。

冬の寒さ対策 <small>管理ポイント</small>

冬は凍結を防ぐことが大切です。とくに夏型種はしっかり断水し、低温障害を予防しましょう。温室は通風の確保や温度・湿度の管理が案外難しく、慣れていないと失敗の元になります。温室よりは室内管理のほうが臨機応変に対応でき、とくに初心者は世話もしやすいでしょう。

セダムやセンペルビウムなど屋外で冬越しできるものもありますが、屋外管理のものは日向に置くようにします。

最低温度は 5 ～ 10℃を目安に

耐寒性が弱い種類は最低温度 10℃を目安に、それ以外は 5℃を目安に室内管理に切り替えると安全です。室内でも徒長を防ぐために、窓辺など日差しの当たる場所が適します。室内管理も 5 ～ 10℃を保ちます。

冬型種は高温すぎる状態に注意

冬でも日差しが強いと窓辺は高温になりがち。冬型種は高温になると休眠の準備を始めてしまうので、日中は窓を開けたり、外に出したりして暑くなり過ぎるのを避けることも大切です。

戸外へ移すタイミングは徐々に慣らした後

冬の間、室内にあった株を屋外へ移すときは、葉焼けを起こさないように、段階的に日光に慣らすようにします。日当たりのよい室内から、日中だけ屋外で日を当てるなど、徐々に屋外へと移していきましょう。

日当たりのよい窓辺などに置き、1 週間に 1 回、鉢の向きを 180 度回転させると、全体に日が当たり草姿の乱れを防げる。夜間の窓辺は冷気で冷え込むため、夕方以降は室内の中心部に移動させるとよい。

長雨対策 <small>管理ポイント</small>

多くの多肉植物は雨に当てないように管理するのが基本です。そのため、梅雨や秋雨など長く雨が続く時期は、室内や軒下に移動させるのがベターです。雨と同時に気温も高くなっている場合は、より蒸れやすくなるのでしっかり対策しましょう。

多湿が続く場合は、扇風機などを使って風を送るのもよい。扇風機は無風の熱帯夜などに使うのもおすすめ。

とにかく過湿にならないよう注意

梅雨の時期には屋外の雨が当たらない、風通しのよい場所に置いて管理しましょう。夏型種は、雨のないときには日差しが当たる場所がベストです。雨粒のはね返りなどで株や用土が濡れないように注意します。

台風のときは風対策も行う

強風をともなうときには、風対策も必要です。室内か風の影響の少ない軒下に取り込みます。無理な場合は、棚の上のものは低い位置に下ろします。どうしても風の影響を避けられない場所の場合は、複数の鉢を 1 カ所にまとめてロープなどでひとまとめにしておくとよいでしょう。

多肉植物の栽培に あると便利な園芸用具

栽培のための道具は通常の園芸でよく使うものもありますが、多肉植物の栽培ならではの道具もあります。使いやすいシンプルなものがあるとよいでしょう。

土入れ・スプーン

鉢に土を入れるときに使います。細かい部分に土を入れていくときには、小型の土入れやスプーンなどがあると便利です。

じょうろ・霧吹き

水やりの道具です。じょうろは、細い口のままだと株元に水やりができます。ハスロをつけるとシャワー上に撒けるので、広い範囲に水やりができます。霧吹きは、小さな鉢の水やりや鉢数が少ないときの葉水に使います。

ピンセット

小さい苗を植えつけるときなどは、ピンセットではさんで植えると作業がやりやすくなります。トゲのある種類をつかむときは大きめのものがあると便利です。植え替えなどの際、土を奥まで流し込むときにも使えます。わりばしも同じように使えます。

筆・ブラシ

葉や株についた土やごみを払うときに便利です。葉に残っている水滴の乾いた跡なども、湿らせた筆で掃除するときれいになります。

名札（ラベル）

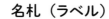

多肉植物は非常に種類が多く、生育型も異なるので、名前や生育型などの情報を書きこむラベルがあると便利です。市販のものだけでなく、自分で手づくりしても楽しいでしょう。

グローブ

指の感覚が伝わりやすい薄手のものが使いやすいですが、多肉植物はトゲのあるものも多いので、ゴム製や革製などがあると安全です。繊細な作業をするときのための薄手のものと、トゲのある種類を手入れするときの厚手のものを用意しておきましょう。

ハサミ・ナイフ

徒長した茎をカットしたり、つぎ木の穂を切り出したりするときに使います。刃物は、刃先を火であぶったり、アルコールスプレーなどで消毒してから使います。使用後は水で洗い流し、水分を拭き取っておきましょう。

鉢

鉢を変えるだけで、多肉植物の雰囲気も変わります。陶器鉢はプラスチック鉢に比べて乾きやすいので、鉢内が過湿になりにくいメリットがあります。一方、よく見かける黒のプラスチック鉢は保温性があるため、冬には最適です。鉢は水やりの頻度や環境にあわせて選べるとベストです。

しつけ糸

接ぎ木の際、台木と穂木を固定するときに使うと便利です。糸で圧をかけて動かないようにすると、接ぎ木が固定して成功しやすくなります。縫い糸よりも細いので、不要になったときに外しやすいのがメリットです。

固まる土

固まる土は水で練って粘土のようにして使います。カット苗（⇒ P9）などでリースをつくるときなどに使うと、壁にかけても土がこぼれることがありません。

テッシュペーパー、やわらかい布

水やり後、葉の間などに残った水をティッシュややわらかい布で拭き取っておきます。

育ててみよう！
多肉植物カタログ

この章では、お店でよく見かける人気品種からレアな希少種まで、550種の多肉植物を紹介しています。
属や生育型ごとに年間の栽培カレンダーをつけているので、手元にある品種と同じものがカタログの中になくても、属名がわかれば、だいたいの育て方がわかります。

仲間の分類

形態や生育環境が似たタイプのものを「仲間」として分類している。
1属だけの項目もある。

[本書での分類]

エケベリアの仲間

ベンケイソウ科の多肉植物は、多肉が好きな人だけでなく園芸を楽しむ幅広い層に人気があります。なかでもエケベリアの仲間はバラの花のようなロゼット型の姿が愛らしく、初心者でも育てやすい種類が多くあります。多肉ビギナーにもおすすめのタイプです。

エケベリア属
Echeveria

科　名	ベンケイソウ科
原産地	メキシコ、北アメリカ南西部、南アメリカ北部など

肉厚の葉をロゼット状につけ、葉の間から長い花茎を伸ばして花を咲かせます。種類にもよりますが、2～8月が開花期です。紅葉する種類も多く、カラフルで華やかな印象の多肉植物で、寄せ植えなどにもおすすめです。比較的丈夫ですが高温多湿に弱いので、夏は涼しく風通しよくし、冬は霜に当てないように管理します。生長が早いので、定期的に植え替えをして美しく保つようにしましょう。

野薔薇の精
Echeveria 'Nobara-no-sei'
春秋型

耐寒性：普通　耐暑性：普通
難易度：★★☆☆☆

「サラゴサノバ」と「静夜」の交配種で、日本産のエケベリアのひとつ。花茎は短く、黄色の花を咲かせる。6～7cmのロゼットで群生。

シャビアナ 'ピンクフリルズ'
Echeveria shaviana 'Pink Frills'
春秋型

耐寒性：普通　耐暑性：弱い
難易度：★★★☆☆

葉全体が赤紫からピンクのグラデーション、先端がフリルのように波打っているのが名の由来。夏の高温多湿は苦手。

コロラータ 'メキシカンジャイアント'
Echeveria colorata 'Mexican Giant'
春秋型

耐寒性：普通　耐暑性：強い
難易度：★★★☆☆

白い粉の吹いた葉に淡く赤み緑が入る繊細な色合い。生育は遅いが、元来は大型種で、ロゼットの直径は最大50cmまで生長することもある。

青い渚
Echeveria setosa v. *minor*
春秋型

耐寒性：普通　耐暑性：普通
難易度：★★★☆☆

白い毛が生えた小ぶりの青緑の葉が特徴。霜が降りたように見える姿は涼やかで愛らしい。紅葉すると葉裏が紫になる。夏は涼しく管理。

'ローラ'
Echeveria 'Lola'
春秋型

耐寒性：普通　耐暑性：弱い
難易度：★★★☆☆

白い粉の吹いた葉は淡い緑でクリーム色にも見える。鮮やかなオレンジ色の花を咲かせる。直径10cmほどの小型種で育てやすい性質。

24

550種

ページの見方

エケベリアの仲間　エケベリア属

part 2 育ててみよう！多肉植物カタログ550種

大和錦
Echeveria purpusorum
春秋型

耐寒性：普通　耐暑性：普通
難易度：★★☆☆☆

肉厚の斑入り葉はざらつき感があり、先端がとがっている。葉先の赤い縁取りが美しい。真夏以外は直射日光の当たる場所で管理。

七福神
Echeveria 'Glauca'
春秋型

耐寒性：強い　耐暑性：普通
難易度：★★★☆☆

均整のとれた葉の並びが美しく人気。冬は葉のツメと縁が紅葉する。真冬は室内で管理するが、それ以外は外で十分な日照を当てる。

鯱
Echeveria agavoides, crested
春秋型

耐寒性：普通　耐暑性：普通
難易度：★★☆☆☆

同属「アガボイデス」の石化種で、しずく型の葉が詰まったロゼットを形成する。石化の程度には個体差があり、大きさもそれぞれ。

高砂の翁
Echeveria 'Takasago-no-okina'
春秋型

耐寒性：普通　耐暑性：普通
難易度：★★★☆☆

大型のフリルに葉の縁は赤、葉身は黄緑とユニークな姿が特徴。海外では「ジャイアントブルー」としても知られる。花は濃いピンク色。

'ジョアンダニエル'
Echeveria 'Joan Daniel'
春秋型

赤く縁取りされた葉先と、葉身の緑のコントラストが美しい。葉全体はうぶ毛に覆われ、先端が黄色の赤い花をつける。

エケベリア属の栽培カレンダー

管理・作業	1月	2月	3月	4月	5月	6月	7月	8月	9月	10月	11月	12月
生育状況	休眠期	生育緩慢		生育期				休眠期		生育期	生育緩慢	休眠期
置き場	日当たりのよい屋内		日当たりのよい屋内 日中は屋外へ	風通しのよい日向 （種類によっては明るい半日陰）			雨の当たらない明るい半日陰		風通しのよい日向		日当たりのよい屋内	
水やり	葉水を1か月に1～2回		徐々に増やす （1か月に1～2回）	表土が乾いたらたっぷり			葉水を1か月に1～2回		表土が乾いたらたっぷり		葉水を1か月に1～2回	
肥料			緩効性化学肥料を2か月に1回 または、液肥を1週間に1回			徐々に減らす （1か月に1～2回）				緩効性化学肥料を2か月に1回 または、液肥を1週間に1回		
おもな作業			植え替え、株分け、切り戻し、挿し木、葉挿し、タネまきなど							植え替え、株分け、切り戻し、挿し木、葉挿し、タネまきなど		

25

属の紹介

属名・科名・原産地・特徴や管理方法を紹介している。

品種の紹介

植物名：種小名、園芸名、園芸品種名を表示
学　名：植物の学名を表示
生育型：春秋型・夏型・冬型のいずれかを表示
耐寒性：10℃まで耐えるものは「弱い」表示
　　　　5℃まで耐えるものは「普通」表示
　　　　霜に当たっても大丈夫なものは「強い」表示
耐暑性：夏は涼しく管理するものは「弱い」表示
　　　　夏は明るい半日陰で管理するものは「普通」表示
　　　　夏の直射日光下でも大丈夫なものは「強い」表示
難易度：栽培の難易度を5段階で表示。黒星が多いものは難易度が高い
解　説：特徴や育て方のポイントを解説

※植物名、学名についてはシノニム（異名）の場合もある。

栽培カレンダー

年間の栽培カレンダー。季節ごとの生育状況・鉢の置き場所・水やりの目安・肥料を施す時期と目安・作業のできる時期を表示している。

ベンケイソウ科の多肉植物は、多肉が好きな人だけでなく、園芸を楽しむ幅広い層に人気があります。

なかでもエケベリアの仲間はバラの花のようなロゼット型の姿が愛らしく、初心者でも育てやすい種類が多くあります。

多肉ビギナーにもおすすめのタイプです。

エケベリア属
Echeveria

科　名	ベンケイソウ科
原産地	メキシコ、北アメリカ南西部、南アメリカ北部など

肉厚の葉をロゼット状につけ、葉の間から長い花茎を伸ばして花を咲かせます。種類にもよりますが、2〜8月が開花期です。紅葉する種類も多く、カラフルで華やかな印象の多肉植物で、寄せ植えなどにもおすすめです。比較的丈夫ですが高温多湿に弱いので、夏は涼しく風通しよくし、冬は霜に当てないように管理します。生長が早いので、定期的に植え替えをして美しく保つようにしましょう。

野薔薇の精
Echeveria 'Nobara-no-sei'

春秋型

耐寒性：普通　耐暑性：普通
難易度：★★☆☆☆

「サラゴサノバ」と「静夜」の交配種で、日本産のエケベリアのひとつ。花茎は短く、黄色の大きな花を咲かせる。6〜7cmのロゼットで群生。

シャビアナ 'ピンクフリルズ'
Echeveria shaviana 'Pink Frills'

春秋型

耐寒性：普通　耐暑性：弱い
難易度：★★★☆☆

葉全体が赤紫からピンクのグラデーション、先端がフリルのように波打っているのが名の由来。夏の高温多湿は苦手。

コロラータ 'メキシカンジャイアント'
Echeveria colorata 'Mexican Giant'

春秋型

耐寒性：普通　耐暑性：強い
難易度：★★★★☆

白い粉の吹いた葉に淡く赤と緑が入る繊細な色合い。生育は遅いが、元来は大型種で、ロゼットの直径は最大50cmまで生長することもある。

青い渚
Echeveria setosa v. *minor*

春秋型

耐寒性：普通　耐暑性：普通
難易度：★★★☆☆

白い毛が生えた小ぶりの青緑の葉が特徴。霜が降りたように見える姿は涼やかで愛らしい。紅葉すると葉裏が紫になる。夏は涼しく管理。

'ローラ'
Echeveria 'Lola'

春秋型

耐寒性：普通　耐暑性：弱い
難易度：★★☆☆☆

白く粉の吹いた葉は淡い緑でクリーム色にも見える。鮮やかなオレンジ色の花を咲かせる。直径10cmほどの小型種で育てやすい性質。

大和錦
やまとにしき
Echeveria purpusorum

春秋型

耐寒性：普通　耐暑性：普通
難易度：★★☆☆☆

肉厚の斑入り葉はざらつき感があり、先端がとがっている。葉先の赤い縁取りが美しい。真夏以外は直射日光の当たる場所で管理。

七福神
しちふくじん
Echeveria 'Glauca'

春秋型

耐寒性：強い　耐暑性：普通
難易度：★★★☆☆

均整のとれた葉の並びが美しく人気。冬は葉のツメと縁が紅葉する。真冬は室内で管理するが、それ以外は外で十分な日照を当てる。

'ジョアンダニエル'
Echeveria 'Joan Daniel'

春秋型

耐寒性：普通　耐暑性：普通
難易度：★★★☆☆

赤く縁取りされた葉先と、葉身の緑のコントラストが美しい。葉全体はうぶ毛に覆われ、先端が黄色の赤い花をつける。

鯱
しゃち
Echeveria agavoides, crested

春秋型

耐寒性：普通　耐暑性：普通
難易度：★★☆☆☆

同属「アガボイデス」の石化種で、しずく型の葉が詰まったロゼットを形成する。石化の程度には個体差があり、大きさもそれぞれ。

高砂の翁
たかさごのおきな
Echeveria 'Takasago-no-okina'

春秋型

耐寒性：普通　耐暑性：普通
難易度：★★☆☆☆

大型のフリルに葉の縁は赤、葉身は黄緑とユニークな姿が特徴。海外では「ジャイアントブルー」としても知られる。花は濃いピンク色。

エケベリア属の栽培カレンダー

管理・作業	1月	2月	3月	4月	5月	6月	7月	8月	9月	10月	11月	12月
生育状況	休眠期		生育緩慢	生育期				休眠期		生育期	生育緩慢	休眠期
置き場	日当たりのよい屋内		日当たりのよい屋内 日中は屋外へ		風通しのよい日向 （種類によっては明るい半日陰）		雨の当たらない明るい半日陰			風通しのよい日向		日当たりのよい屋内
水やり	葉水を1か月に1〜2回		徐々に増やす （1か月に1〜2回）	表土が乾いたらたっぷり			葉水を1か月に1〜2回			表土が乾いたらたっぷり		葉水を1か月に1〜2回
肥料				緩効性化学肥料を2か月に1回 または、液肥を1週間に1回		徐々に減らす （1か月に1〜2回）				緩効性化学肥料を2か月に1回 または、液肥を1週間に1回		
おもな作業			植え替え、株分け、切り戻し、挿し木、葉挿し、タネまきなど							植え替え、株分け、切り戻し、挿し木、葉挿し、タネまきなど		

25

静夜（せいや）
Echeveria derenbergii

春秋型

耐寒性：普通　耐暑性：普通
難易度：★★★☆☆

丸い肉厚な葉がぎゅっと重なり合う姿が魅力。粉を吹く淡い緑の葉が特徴で、先端が紅葉する。脇芽を出して群生するタイプ。

桃太郎（ももたろう）
Echeveria 'Beatrice'

春秋型

耐寒性：普通　耐暑性：普通
難易度：★★☆☆☆

黄緑の葉に、葉先の赤い爪が鮮やかで個性的。株の直径は15cmほどまでになるが、生長は遅いタイプ。

'デレンセアナ'
Echeveria 'Derenceana'

春秋型

耐寒性：普通　耐暑性：普通
難易度：★★★☆☆

「ローラ」とよく似ているが、こちらは葉身の緑色が均一でややベージュがかっている。紅葉すると葉先の爪がピンクに染まる。

花うらら（はな）
Echeveria pulidonis

春秋型

耐寒性：普通　耐暑性：普通
難易度：★★☆☆☆

葉身は青緑で肉厚、縁は赤く彩られているのが特徴。小型でロゼットの生長は直径10cm程度。黄色の花が垂れさがるように咲く。

'ドンド'
Echeveria 'Dondo'

春秋型

耐寒性：強い　耐暑性：普通
難易度：★★☆☆☆

白い微毛の生えた肉厚の葉がロゼットを形成する交配種。冬は葉先から爪にかけて赤く染まる。鮮やかなオレンジの花が咲く。

'ロメオ'
Echeveria agavoides 'Romeo'

春秋型

耐寒性：普通　耐暑性：普通
難易度：★★★☆☆

赤い爪とピンクの葉身が特徴。冬は赤く、夏はやや緑に変化する。発色よくするためには、日当たりよく肥料は控えめにする。

美尼月迫（みにげつせる）
Echeveria 'Mini-Kesseru'

春秋型

耐寒性：普通　耐暑性：普通
難易度：★★☆☆☆

「ミニマ」と「ケッセルリンギアナ」の交配種。ライムグリーンの葉の縁に赤い斑が入る。小型種ながらもよく子株を吹いて群生する。

ロゼットにたまった水は取り除く

ロゼット型の多肉植物は、水やりをした後、葉の間に水がたまります。自然に乾く環境であればそのままでもかまいませんが、長い時間ぬれていると蒸れて葉を傷めることがあります。たまっている水は取り除きましょう。

しっかり根づいている株なら、片手で葉を押さえながら、株を逆さにして水を切っても問題ない。

小さな株や寄せ植えなどは、ティッシュペーパーの先を葉の間に差し入れると水を吸ってくれる。

エケベリアの仲間　エケベリア属

'パールフォンニュルンベルグ'
Echeveria 'Perle von Nuernberg'

春秋型

耐寒性：普通　耐暑性：普通
難易度：★★☆☆☆

紫色がきれいで丈夫な入門種。生長すると木立状になり、ロゼットも大きくなる。春～秋は虫に注意。

'ルノーディーン'
Echeveria 'Compton Carousel'

春秋型

耐寒性：普通　耐暑性：弱い
難易度：★★★★☆

淡い黄色の葉に、根元から葉先に向かい緑の斑が入る。日焼けに弱く夏の直射日光と高温多湿が大敵。別名「コンプトンカルーセル」

'ハッピー'
Echeveria 'Happy'

春秋型

耐寒性：普通　耐暑性：普通
難易度：★★☆☆☆

落ち着いた赤と深い青色の葉が、密なロゼットを形成する。小型だが、子株がよくつき育てやすい。

'レティジアゴールド'
Echeveria 'Letizia Gold'

春秋型

耐寒性：普通　耐暑性：普通
難易度：★★★☆☆

「レティジア」のオーレア品種。透明感のある黄緑の葉は紅葉すると葉先が赤みを帯びる。日光と通風を好むが直射日光は苦手。

'ヴァンケッペル'
Echeveria 'J.C. Van Keppel'

春秋型

耐寒性：普通　耐暑性：普通
難易度：★★☆☆☆

丸みのある非常に肉厚の葉がギュッと詰まりロゼットを形成。アガボイデス系の交配種。「アイボリー」や「ケペル」の名で流通することも。

エケベリアの株分け

エケベリアなどのベンケイソウ科のものは、生長が早く群生する種類も多いので、鉢がきゅうくつになってきたら株分けをします。1年に1回が目安です。大株にしたい場合は、株分けせず植え替えます。

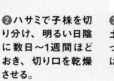

❶鉢から株を抜いて古い土を落とし、枯れた下葉などを取り除く。

❷ハサミで子株を切り分け、明るい日陰に数日～1週間ほどおき、切り口を乾燥させる。

❸それぞれの株を新しい用土に植えつける。1週間経ってから水やりし、その後は通常管理に。

グラプトペタラム属

Graptopetalum

科　名	ベンケイソウ科
原産地	メキシコ

本書ではエケベリア属（⇒P24）の仲間に分類しましたが、セダム属（⇒P42）とも近い種類です。厚みのある葉がロゼットを形成し、よく群生します。比較的丈夫ですが、高温多湿に弱いので夏越しの管理に注意しましょう。群生したものは春に株分けをして、蒸れないようにしておくことが大切です。挿し木や葉挿しなどでもよくふえ、初心者にも扱いやすいタイプです。春～初夏が開花期です。

だるま姫秋麗
Graptopetalum mendozae

耐寒性：普通　耐暑性：普通
難易度：★☆☆☆☆

白い葉にうっすら赤、緑、黄色などに染まった様はオパールのよう。「姫秋麗」の葉をより肉厚にしたような姿。丈夫で育てやすい。

ベルム
Graptopetalum bellum

耐寒性：普通　耐暑性：弱い
難易度：★★★☆☆

緑がかった褐色の葉が特徴で、ロゼットの大きさのわりに花は直径4cmほどと大きめ。花色は薄桃～濃いピンク色。夏越しに注意。

フィリフェルム
Graptopetalum filiferum

耐寒性：普通　耐暑性：弱い
難易度：★★★★☆

銀緑色の葉の先が赤い一本の毛状に伸びているのが特徴。ロゼット直径は5～15cmと比較的大型。半日陰を好むが日陰でも育つ。

マクドゥガリー
Graptopetalum macdougallii

耐寒性：普通　耐暑性：普通
難易度：★☆☆☆☆

紅葉はしないが、透明感のある青緑が人気の品種。ランナーを伸ばして子株を形成する。高温多湿に弱いため、夏は注意する。

アメジスティナム
Graptopetalum amethystinum

耐寒性：普通　耐暑性：普通
難易度：★★☆☆☆

アメジストに似た美しい紫の葉が特徴。花が咲かない状態だとパキフィツムと間違えてしまうことも。生長は遅い。初心者向け。

ルスビー
Graptopetalum rusbyi

春秋型

耐寒性：普通　耐暑性：普通
難易度：★★☆☆☆

銀に赤紫が入った葉が花のようなロゼットを形成する姿が人気。秋から冬にかけては紫の色が一層深まる。

スパーバム
Graptopetalum superbum

春秋型

耐寒性：普通　耐暑性：普通
難易度：★★☆☆☆

白く粉の吹いた淡い紫色の葉が特徴。根元から複数の茎が上へ伸びる株立ちタイプの種類。寒さに強いが霜には弱い。

グラプトペタラム属の栽培カレンダー

管理・作業	1月	2月	3月	4月	5月	6月	7月	8月	9月	10月	11月	12月
生育状況	休眠期		生育緩慢	生育期			休眠期			生育期	生育緩慢	休眠期
置き場	日当たりのよい屋内		日当たりのよい屋内 日中は屋外へ	風通しのよい日向 （種類によっては明るい半日陰）		雨の当たらない明るい半日陰			風通しのよい日向		日当たりのよい屋内	
水やり	葉水を1か月に1～2回		徐々に増やす (1か月に1～2回)	表土が乾いたらたっぷり			葉水を1か月に1～2回			表土が乾いたらたっぷり	葉水を1か月に 1～2回	
肥料				緩効性化学肥料を2か月に1回 または、液肥を1週間に1回		徐々に減らす （1か月に1～2回）					緩効性化学肥料を2か月に1回 または、液肥を1週間に1回	
おもな作業			植え替え、株分け、切り戻し、挿し木、葉挿し、タネまきなど							植え替え、株分け、切り戻し、挿し木、葉挿し、タネまきなど		

ダドレヤ属
Dudleya

科　名	ベンケイソウ科
原産地	アメリカ南西部、メキシコ

葉に粉を吹いたものが多く、グレーがかった淡い緑色が美しい冬型種です。自生地は乾燥した岩場や断崖なので、過湿状態にならないように注意します。水やり後、ロゼットに水がたまっていたら取り除きましょう（⇨P26）。夏は粉がはがれやすいため見た目が悪くなりがちですが、生育期にしっかり日に当てると葉の白さが増し、本来の姿に戻ります。冬～春に花をつけます。

グノマ（ノーマ）
Dudleya gnoma

冬型

オルクッティ
Dudleya orcuttii

冬型

耐寒性：普通　耐暑性：普通
難易度：★★☆☆☆

粉の吹いた棒状の葉が上向きにつく低木性の小型種。高温多湿が苦手で、風通しには十分な注意が必要。強光を好む。

ダドレヤ・sp.
Dudleya sp.

冬型

耐寒性：強い　耐暑性：普通
難易度：★★☆☆☆

未命名の原種。丸みを帯びた肉厚な銀緑色の葉が、間隔をあけてロゼットを形成する。高温多湿が苦手。

耐寒性：普通　耐暑性：普通
難易度：★★☆☆☆

粉を吹いた銀緑色の葉は細長くとがった形。水やりの際は、ロゼット状の葉にかけないようにする。−3℃まで耐えるが霜に弱い。

仙女盃
Dudleya brittonii

冬型

耐寒性：強い　耐暑性：普通
難易度：★★★☆☆

世界でもっとも白いといわれる白緑色の葉が幻想的。繊細な葉には水をかけないようにし、葉焼けを防ぐため室内の半日陰に置く。

クサンチ
Dudleya xantii

冬型

耐寒性：強い　耐暑性：普通
難易度：★★★☆☆

太く短い茎の上に大型のロゼットを形成する。葉色は銀緑色。葉が密集しているぶん湿気に弱いので通風には気を配るのがポイント。

プルベルレンタ
Dudleya pulverulenta

冬型

耐寒性：強い　耐暑性：普通
難易度：★★★☆☆

幅50cmにまでなる大型種。無茎で、幅広の葉は青みのある銀緑色。乾燥に強い。同属の中では暑さに強く頑強。初心者向け。

パキフィツム
Dudleya pachyphytum

冬型

耐寒性：普通　耐暑性：弱い
難易度：★★☆☆☆

ロゼットは直径30cmほどまで育つ中型種。強光を好むため屋外栽培向け。白さを保つには、葉に水をかけないように管理する。

ランセオラータ
Dudleya lanceolata

冬型

耐寒性：強い　耐暑性：普通
難易度：★★☆☆☆

銀緑色の葉を地面に並行かつ放射状に広げ、上に伸びる花茎は、高さ60cmほどにまで達する。真夏は断水して管理を。

ノーマ（グノマ）
Dudleya gnoma

冬型

耐寒性：普通　耐暑性：普通
難易度：★★★☆☆

白く粉の吹いた銀緑色が美しい。塊根から直接ロゼットを形成するためコンパクトに生長する。高温多湿に弱い。

ダドレヤ属の栽培カレンダー

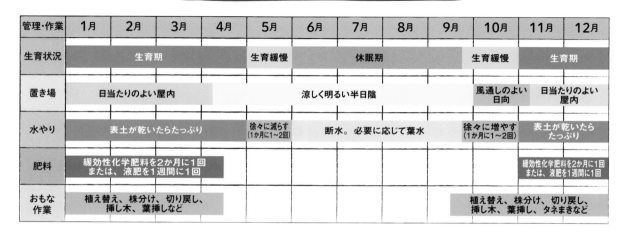

管理・作業	1月	2月	3月	4月	5月	6月	7月	8月	9月	10月	11月	12月
生育状況	生育期				生育緩慢	休眠期				生育緩慢	生育期	
置き場	日当たりのよい屋内				涼しく明るい半日陰					風通しのよい日向	日当たりのよい屋内	
水やり	表土が乾いたらたっぷり				徐々に減らす（1か月に1〜2回）	断水。必要に応じて葉水				徐々に増やす（1か月に1〜2回）	表土が乾いたらたっぷり	
肥料	緩効性化学肥料を2か月に1回または、液肥を1週間に1回										緩効性化学肥料を2か月に1回または、液肥を1週間に1回	
おもな作業	植え替え、株分け、切り戻し、挿し木、葉挿しなど									植え替え、株分け、切り戻し、挿し木、葉挿し、タネまきなど		

その他のエケベリアの仲間

科　名	ベンケイソウ科
原産地	メキシコ、北アメリカ南部、南アメリカ北部

エケベリア属は性質が近い属との属間交配が盛んで、グラプトベリア属、パキベリア属、セデベリア属はそのような仲間です。グラプトベリアはグラプトペタラム属（⇨P28）と、パキベリアはパキフィツム属と、セデベリアはセダム属（⇨P42）との交雑によります。属間交雑種は丈夫で育てやすいものが多いので、初心者でも楽しみやすいでしょう。エケベリア同様、夏の高温多湿のときには、蒸れないように注意する必要があります。

'トップシーデビー'
× *Graptoveria* 'Topsy Debbi'

春秋型

耐寒性：普通　耐暑性：普通
難易度：★★☆☆☆

グラプトベリア属。粉を吹いた赤紫色の肉厚な葉は、やや間隔をあけてロゼットを形成。よくふえるので流通も多く、人気の品種。

'バッシュフル'
× *Graptoveria* 'Bashful'

春秋型

'パープルドリーム'
× *Graptoveria* 'Purple Dream'

春秋型

耐寒性：強い　耐暑性：普通
難易度：★★★☆☆

グラプトベリア属。赤紫色の葉がブドウの房のように密に連なり、2〜3cmのロゼットを形成する。枝を伸ばしてし群生する。

'オータムミスト'
× *Graptoveria* 'Autumn Mist'

春秋型

耐寒性：普通　耐暑性：普通
難易度：★★★☆☆

グラプトベリア属。鮮やかな紫色で、肉厚で滑らかな葉が特徴。高温多湿に弱い。葉焼けしやすいため直射日光は避け適度な遮光を。

'リトルジェム'
× *Graptoveria* 'Little Gem'

春秋型

白牡丹（しろぼたん）
× *Graptoveria* 'Titubans'

春秋型

耐寒性：普通　耐暑性：普通
難易度：★★☆☆☆

グラプトベリア属。赤く肉厚で果実のような葉がロゼットを形成。十分な日照が美しい発色を引き出す。「ピンクルルビー」とも呼ばれる。

耐寒性：普通　耐暑性：弱い
難易度：★★☆☆☆

グラプトベリア属。「小さな宝石」の名の通り、赤、橙、緑、黄色と華やか。直射日光下だと赤くなる傾向にある。葉焼けに注意。

耐寒性：普通　耐暑性：普通
難易度：★☆☆☆☆

グラプトベリア属。ボタンを思わせるロゼットが美しい。紅葉は控えめ、葉先がほんのりと色づく程度。寄せ植えにすると華やか。

萌豆（もえまめ）
× *Graptvenia* 'Cute Beans'

春秋型

耐寒性：普通　耐暑性：普通
難易度：★★☆☆☆

グラプトベリア属。丸い肉厚な葉に緑白色の色合いが優しく、葉先がほんのり赤く色づいた姿も愛らしい。夏場は遮光して管理を。

'ジェットビーズ'
× *Sedeveria* 'Jet Beads'

春秋型

耐寒性：普通　耐暑性：普通
難易度：★★★☆☆

セデベリア属。緑と紫を帯びた黒い葉が特徴だが、日陰・水分過多の環境で緑色になる。室内の日当たりのいい場所で管理を。

樹氷（じゅひょう）
× *Sedeveria* 'Soft Rime'

春秋型

耐寒性：強い　耐暑性：普通
難易度：★★☆☆☆

セデベリア属。やや細長いぷっくりとした肉厚の葉がロゼットを形成。葉先が紅葉すると、淡い緑とのコントラストが美しい。

'シルバースター'
× *Graptoveria* 'Silverstar'

春秋型

耐寒性：普通　耐暑性：普通
難易度：★★☆☆☆

グラプトベリア属。ひげ状に長い葉先の爪が特徴。白粉を吹いた淡い緑の葉は銀色に見える。夏の直射日光はNG。屋内管理に向く。

'グラウカ'
× *Pachyveria* 'Glauca'

春秋型

耐寒性：普通　耐暑性：強い
難易度：★★★☆☆

パキベリア属。紡錘形の肉厚な葉がロゼットを形成。葉は鮮緑色で、紅葉すると葉先が赤〜赤紫色に染まる。蒸れに注意。

紫麗殿（しれいでん）
× *Pachyveria* 'Hummel's Purple'

春秋型

耐寒性：普通　耐暑性：普通
難易度：★☆☆☆☆

パキベリア属。紫がかった青緑の太い肉厚な葉が特徴。紅葉はしないが、神秘的な色合いが魅力。寄せ植えのアクセントにおすすめ。

●エケベリアの仲間の栽培カレンダー（春秋型）●

管理・作業	1月	2月	3月	4月	5月	6月	7月	8月	9月	10月	11月	12月
生育状況	休眠期		生育緩慢	生育期			休眠期			生育期	生育緩慢	休眠期
置き場	日当たりのよい屋内		日当たりのよい屋内 日中は屋外へ		風通しのよい日向（種類によっては明るい半日陰）		雨の当たらない明るい半日陰			風通しのよい日向		日当たりのよい屋内
水やり	葉水を1か月に1〜2回		徐々に増やす（1か月に1〜2回）	表土が乾いたらたっぷり			葉水を1か月に1〜2回			表土が乾いたらたっぷり	葉水を1か月に1〜2回	
肥料			緩効性化学肥料を2か月に1回 または、液肥を1週間に1回			徐々に減らす（1か月に1〜2回）				緩効性化学肥料を2か月に1回 または、液肥を1週間に1回		
おもな作業			植え替え、株分け、切り戻し、挿し木、葉挿し、タネまきなど							植え替え、株分け、切り戻し、挿し木、葉挿し、タネまきなど		

クラッスラ

ベンケイソウ科の中でも、多様な種類をようするのがクラッスラ属です。世界中に分布し、生育型も春秋型・夏型・冬型とすべてそろっています。生育型は種類によって異なるので、種類を確認して入手するのがよいでしょう。生育旺盛で育てやすいものが多く、挿し木や株分けなどでよくふえます。

クラッスラ属～春秋型
Crassula

科　名	ベンケイソウ科
原産地	南アフリカ、東アフリカ、マダガスカルなどを中心に世界中

春秋型のものは真夏と真冬の管理に注意すれば、生育が旺盛で育てやすいタイプです。紅葉するものも多いので、季節の移ろいを感じながら楽しむことができます。紅葉する種類は、9月後半に気温が下がってきたら、明るい半日陰から日向に移し、しっかり日差しを当てるようにしましょう。10月に入ったら肥料を施すのをやめると、色づきもよくなります。

'キャンディーケイン'
Crassula rubricaulis 'Candy Cane'

春秋型

耐寒性：普通　耐暑性：弱い
難易度：★★★★☆

淡い緑の葉身と赤く色づいた葉先のグラデーションが見事。真夏に白い花をたくさん咲かせる。冬は霜を避け、夏は適度な遮光をする。

'パステル'
Crassula rupestris 'Pastel'

春秋型

耐寒性：普通　耐暑性：普通
難易度：★★★☆☆

「舞乙女」の斑入り品種でタワー型のクラッスラ。名の通り淡い緑が鮮やか。紅葉すると葉がピンク色に色づく。寒さと夏の直射に注意。

'ムーングロウ'
Crassula 'Moonglow'

春秋型

耐寒性：弱い　耐暑性：普通
難易度：★★★☆☆

白い微毛が生えた三角で肉厚の葉が特徴のタワー型クラッスラ。紅葉すると先端が赤みを帯びる。夏の直射日光と寒さに弱い。

'スプリングジェイド'
Crassula 'Spring Jade'

春秋型

耐寒性：普通　耐暑性：弱い
難易度：★★☆☆☆

三角の肉厚な鮮緑色の葉をもつタワー型。子株をつけ生長すると茎が垂れるので、ハンギングなどで楽しむのもおすすめ。

'コラリタ'
Crassula 'Coralita'

春秋型

耐寒性：普通　耐暑性：普通
難易度：★★☆☆☆

みずみずしい深緑色に肉厚で丸い葉が愛らしい。クラッスラの中でも生長が遅く、冬になると紅葉して赤みを帯びる。夏は遮光が必要。

ピラミダリス
Crassula pyramidalis

春秋型

耐寒性：普通　耐暑性：普通
難易度：★★★☆☆

葉が重なり合って爬虫類の鱗のように見える個性的なクラッスラ。タワー型でよく分岐する。夏は遮光した日光下で通風よく管理する。

アウセンシス亜種チタノプシス
Crassula ausensis ssp. *titanopsis*

春秋型

耐寒性：強い　耐暑性：弱い
難易度：★★★★☆

白く小さいつぶつぶの突起が葉全体を覆い、葉先が赤いのが特徴。晩秋に白い花を咲かせる。丈夫なので冬でも屋外管理が可能。

花月錦
Crassula ovata, variegated

春秋型

耐寒性：普通　耐暑性：強い
難易度：★★☆☆☆

「花月」の斑入り品種。緑葉の両端に黄斑が入り、紅葉すると葉縁のピンク色が強くなる。丈夫で育てやすい。

姫稚児
Crassula sp. C-1166

春秋型

耐寒性：普通　耐暑性：普通
難易度：★★☆☆☆

黄色の斑点のある肉厚で鮮緑色の葉が特徴。小型群生種で紅葉すると葉が赤紫になる。株が密になり蒸れやすいので通風をよくする。

'アイボリーパゴダ'
Crassula 'Ivory Pagoda'

春秋型

耐寒性：普通　耐暑性：普通
難易度：★★☆☆☆

「玉椿」と「神刀」の交配種。白い微毛に覆われた葉は銀緑色で平ら。同属の中では高温多湿に強いが長雨には当てないようにする。

紅葉祭り
Crassula 'Momiji-matsuri'

春秋型

耐寒性：普通　耐暑性：普通
難易度：★★☆☆☆

「火祭り」に似ているが、こちらのほうが小型で赤みが濃い。早めの段階から肥料をやめると赤の発色がよくなる。葉挿しもできる。

春秋型クラッスラ属の栽培カレンダー

管理・作業	1月	2月	3月	4月	5月	6月	7月	8月	9月	10月	11月	12月
生育状況	休眠期		生育緩慢	生育期			休眠期			生育期	生育緩慢	休眠期
置き場	日当たりのよい屋内		日当たりのよい屋内 日中は屋外へ		風通しのよい日向（種類によっては明るい半日陰）		雨の当たらない明るい半日陰			風通しのよい日向		日当たりのよい屋内
水やり	葉水を1か月に1～2回		徐々に増やす（1か月に1～2回）	表土が乾いたらたっぷり			葉水を1か月に1～2回			表土が乾いたらたっぷり		葉水を1か月に1～2回
肥料				緩効性化学肥料を2か月に1回または、液肥を1週間に1回			徐々に減らす（1か月に1～2回）				緩効性化学肥料を2か月に1回または、液肥を1週間に1回	
おもな作業			植え替え、株分け、切り戻し、挿し木、葉挿し、タネまきなど								植え替え、株分け、切り戻し、挿し木、葉挿し、タネまきなど	

'ブッダズテンプル'
Crassula 'Buddha's Temple'

春秋型

耐寒性：普通　耐暑性：普通
難易度：★★★☆☆

寺院にある仏塔に似た幾何学的フォルムが目を引くタワー型。数年に一度葉の先に白い花を咲かせる。「キムナッキー」とも呼ばれる。

プルイノーサ
Crassula pruinosa

春秋型

耐寒性：普通　耐暑性：普通
難易度：★★☆☆☆

白く粉の吹いた小さな葉が密につき、夏に咲く星型の花も人気の木立性。直射日光を好むが真夏の強光は葉焼けの原因となるので遮光する。

火祭り
Crassula 'Campfire'

春秋型

耐寒性：普通　耐暑性：普通
難易度：★☆☆☆☆

赤くとがった葉が上を向き、炎のような姿を見せる。気温が低くなるほど葉の赤みが冴える。とても丈夫で育てやすい。

ルペストリス
Crassula rupestris

春秋型

耐寒性：普通　耐暑性：普通
難易度：★☆☆☆☆

やや粉の吹いた鮮緑色で三角の肉厚な葉がロゼットを形成し、低木状になる。栽培は容易で寄せ植えに向く。多孔質の培養土を好む。

'ホッテントニー'
Crassula 'Hottentonii'

春秋型

耐寒性：普通　耐暑性：普通
難易度：★★☆☆☆

球状のムチムチした葉が塔状に上へ伸びる。明るい日陰で育てるが、日光が少なすぎると徒長するので注意。高温時の湿気が大敵。

下葉が枯れた「若緑」の仕立て直し

植物の下葉が枯れるのはごく自然なことなので、自生地ではこのような姿もめずらしくありません。ただ、鉢植えで楽しむなら見た目も大事な要素。葉挿しで仕立て直しましょう。

❶緑葉の部分を切る。7〜8cmほどの長さが作業しやすい。明るい半日陰に1〜2週間置き切り口を乾かす。

❷新しい土に葉を挿す。切り口から1cmほど入れる。わりばしで土に穴を開けると挿しやすい。

❸3〜4日後から水やりを。元の株は古い土を落とし、新しい用土に植え替えてもよい。ただし枯れ葉はそのままになる。

'ラッキースター'
Crassula 'Lucky Star'

耐寒性：普通　耐暑性：普通
難易度：★★☆☆☆

深緑の葉身に赤く縁どられた葉端が特徴で塔状に茎を伸ばす。高温多湿に弱いため梅雨や秋の長雨には当てず、通風をよくする。

'ポーキュパイン'
Crassula 'Porcupine'

耐寒性：普通　耐暑性：普通
難易度：★★★☆☆

同属の「アウセンシス亜種チタノプシス」と「ピラミダリス」の交配種。三角の葉が密に塔状に伸びる姿は剣山のよう。蒸れに注意。

星の王子
Crassula rupestris

耐寒性：普通　耐暑性：普通
難易度：★☆☆☆☆

三角の葉を重ね塔状に伸びる。葉は淡いグリーンに紫色の縁どり。春秋型だが夏型に近い。下葉が枯れてきたら仕立て直しをする。

'ロジャーズサプライズ'
Crassula 'Roger's Surprise'

耐寒性：普通　耐暑性：弱い
難易度：★★☆☆☆

丸い葉が対について数珠状に積み重なり、高く伸びていく。生長は遅めでだが丈夫。通風のよい遮光下を好む。

'ヘッジホッグ'
Crassula 'Hedgehog'

耐寒性：普通　耐暑性：普通
難易度：★★★☆☆

同属の「ピラミダリス」と「アウセンシス」の交配種。鮮やかな緑色の葉にはつぶつぶの突起がつく。風通しのよい明るい半日陰におく。

'エスタニョール'
Crassula 'Estagnol'

耐寒性：普通　耐暑性：普通
難易度：★★☆☆☆

三角の葉がらせん状に生長する姿は勇壮で美しく見ごたえがある。生育は比較的早い。株元が蒸れやすいため通風に気配りを。

'ホッテントット'
Crassula rupestris ssp. *marnieriana* 'Hottentot'

耐寒性：普通　耐暑性：普通
難易度：★★☆☆☆

塔状に連なる丸みのある三角の葉は、葉端に赤の班が入る。小型だが群生し、生長すると茎が垂れ下がる。真夏以外はよく日に当てる。

クラッスラ属～夏型
Crassula

科　名	ベンケイソウ科
原産地	南アフリカ、東アフリカ、マダガスカルなどを中心に世界中

夏型のクラッスラ属は、丈夫で、大きく育つ種類が多いのが特徴です。肉厚の葉で紅葉するものも多く、秋～冬は休眠中でも鮮やかに色づきます。なかには、冬の休眠中に花をつけるものもありますが、水やりや肥料は必要ありません。気温の低い時期は、しっかり休ませるようにしましょう。暖かくなる3～4月ごろから徐々に動きだし、夏の生育期を向かえます。

銀揃
Crassula mesembryanthoides

耐寒性：普通　耐暑性：強い
難易度：★☆☆☆☆

白い微毛が生えた紡錘形の葉身は銀を帯びた緑色。寒くなると全体がやや紫色になる。強く育てやすいが、冬は室内のほうが無難。

プラティフィラ錦
Crassula platyphylla, variegated

耐寒性：普通　耐暑性：普通
難易度：★★☆☆☆

二対の杓子状の葉が株元から伸長する。ライムグリーンに赤く縁どられた葉端が愛らしい。日光を好み、水やりは週2回程度に。

フンベルティー
Crassula humbertii

耐寒性：弱い　耐暑性：強い
難易度：★★☆☆☆

黄緑で紡錘形の葉に赤茶の斑点が入る。花は白く釣り鐘状で株いっぱいに咲く。乾燥と日光を好み、ロックガーデンなどにも向いている。

ペルシダ錦
Crassula pellucida
ssp. *marginalis*, variegated

耐寒性：普通　耐暑性：普通
難易度：★★☆☆☆

紫がかった赤の葉が華やか。枝は横に広がり、垂れてから跳ね上がる。寒・暑さともに強く比較的丈夫だが、葉挿しの難易度は高い。

天狗の舞錦
Crassula dejecta, variegated

耐寒性：普通　耐暑性：普通
難易度：★★☆☆☆

生長すると茎が木質化する。ライムグリーンの葉に黄色の斑、葉先に赤い覆輪が入っているのが特徴。湿気が苦手なので蒸れに注意。

トメントーサ
Crassula tomentosa

夏型

耐寒性：普通　耐暑性：普通
難易度：★★☆☆☆

白い微毛に覆われた丸い葉が二枚貝のように対になってロゼットを形成する。生長が早く丈夫。日光を好むが真夏の直射は苦手。

メセンブリアントイデス
Crassula mesembryanthoides

夏型

耐寒性：普通　耐暑性：強い
難易度：★☆☆☆☆

白毛に覆われ、先のとがった紡錘形の葉がロゼットを形成する。「銀揃」と同じ種だが別個体。直射日光でもOKだが真夏は遮光する。

テトラゴナ
Crassula tetragona

夏型

耐寒性：普通　耐暑性：普通
難易度：★☆☆☆☆

直立した茎に3cmほどの湾曲した細い葉をつける。成熟した株は茎が木質化する。初心者向け。高温多湿に注意。

神刀（じんとう）
Crassula falcata

夏型

耐寒性：普通　耐暑性：強い
難易度：★☆☆☆☆

剣のような紡錘形の肉厚な葉が微毛に覆われ銀緑色を成す。茎と葉が垂直に左右に展開する姿が個性的。大変丈夫で育てやすい。

夏型クラッスラ属の栽培カレンダー

管理・作業	1月	2月	3月	4月	5月	6月	7月	8月	9月	10月	11月	12月
生育状況	休眠期			生育緩慢	生育期					生育緩慢	休眠期	
置き場	日当たりのよい屋内			日当たりのよい屋内か風通しのよい日向	風通しのよい日向（種類によっては梅雨明け〜9月中旬は明るい半日陰）						日当たりのよい屋内	
水やり	断水			徐々に増やす（1か月に1〜2回）	表土が乾いたらたっぷり					徐々に減らす（1か月に1〜2回）	断水	
肥料					緩効性化学肥料を2か月に1回 または、液肥を1週間に1回							
おもな作業				植え替え、株分け、切り戻し、挿し木、葉挿し、タネまきなど								

クラッスラ属〜冬型
Crassula

科　名	ベンケイソウ科
原産地	南アフリカ、東アフリカ、マダガスカルなどを中心に世界中

冬型のクラッスラ属は、小型種が多いのが特徴です。うぶ毛があるもの、葉が白っぽいもの、脱皮途中のメセン類（⇨P76）に似た姿のものなど、多様な見た目で楽しませてくれます。春秋型や夏型に比べるとやや繊細ですが、1年を通して通風を保ち、真夏はとくに乾燥気味に管理して直射日光に当てないようにすれば、夏越しもそれほど難しくありません。

デセプタ
Crassula deceptor

冬型

耐寒性：普通	耐暑性：弱い
難易度：★★★★☆	

「稚児姿」とは別個体で、こちらのほうが緑が鮮やか。葉はかなり肉厚で積み重なった塔状の姿はメセンを思わせる。生長はかなり遅い。

玉稚児
Crassula plegmatoides

冬型

耐寒性：普通	耐暑性：弱い
難易度：★★★☆☆	

ふっくらと丸い葉がぎっしり重なり合って塔状に伸びる。子株がよくふえ、寒くなるとうっすらと紅葉する。群生株は蒸れに注意する。

アルストニー
Crassula alstonii

冬型

耐寒性：普通	耐暑性：弱い
難易度：★★★★☆	

銀緑色にうっすらと紫色・褐色を帯びた丸々とした葉が特徴のタワー型クラッスラ。生育が遅く、夏越しが難しいので中級者以上向き。

モンタナ
Crassula montana

冬型

耐寒性：強い	耐暑性：普通
難易度：★★☆☆☆	

原産地は南アフリカ。葉色に個体差があり、鮮緑色から赤みを帯びた茶色になる。日光を好むが真夏は葉焼けに注意が必要。

コルムナリス亜種プロリフェラ
Crassula columnaris ssp. *prolifera*

冬型

耐寒性：強い	耐暑性：普通
難易度：★★★☆☆	

編み込まれたような密集した葉が個性的。葉色は緑がかった茶、砂茶、黒色などがある。

セツローサ
Crassula setulosa

冬型

耐寒性：普通	耐暑性：普通
難易度：★★☆☆☆	

白い微毛のある葉がロゼットを形成。低温に当たると株全体が紅葉する。生長点から花芽を伸ばし白い花をつける。明るい半日陰が最適。

神麗
Crassula 'Pangolin'

冬型

耐寒性：普通　耐暑性：普通
難易度：★★★☆☆

鱗を思わせる密な葉の重なり合いが魅力のレアな種類。生長が遅く、茎の先に白い球状の花を咲かせる。通風のよい環境で管理を。

茜の塔錦
Crassula capitella, variegated

冬型

耐寒性：普通　耐暑性：普通
難易度：★★☆☆☆

「茜の塔」の変種。幾何学的な葉の連なりや、葉色のグラデーションが見事。草姿が個性的なので寄せ植えのアクセントによい。

稚児姿
Crassula deceptor

冬型

耐寒性：普通　耐暑性：弱い
難易度：★★★☆☆

白く粉の吹いた銀緑色の葉が美しいタワー型クラッスラ。葉の表面はごつごつしている。夏以外は日当たりのよい場所に置く。

月光
Crassula barbata

冬型

耐寒性：普通　耐暑性：普通
難易度：★★★☆☆

白い剛毛が生えた鮮緑色のロゼットを形成。毛に光が反射する様が美しいと人気。開花後に枯れるが、直前に株元から子株が出ることも。

'巴ノ光'
Crassula 'Tomoe-no-hikari'

冬型

耐寒性：普通　耐暑性：普通
難易度：★★★☆☆

白い微毛に覆われた葉が十字型に重なり合って、上へ伸びる。小型種だが、子株を出してこんもりとした形に群生する。高温多湿が苦手。

グリセア
Crassula grisea

冬型

耐寒性：強い　耐暑性：普通
難易度：★★★☆☆

円筒形の葉身にとがった葉先が特徴。茎の頭頂部から花茎を伸ばしピンクの花をつける。冬型クラッスラの中では大きく育つ種。

冬型クラッスラ属の栽培カレンダー

管理・作業	1月	2月	3月	4月	5月	6月	7月	8月	9月	10月	11月	12月
生育状況	生育期				生育緩慢		休眠期			生育緩慢	生育期	
置き場	日当たりのよい屋内				涼しく明るい半日陰					風通しのよい日向	日当たりのよい屋内	
水やり	表土が乾いたらたっぷり				徐々に減らす(1か月に1〜2回)	断水。必要に応じて葉水				徐々に増やす(1か月に1〜2回)	表土が乾いたらたっぷり	
肥料	緩効性化学肥料を2か月に1回または、液肥を1週間に1回										緩効性化学肥料を2か月に1回または、液肥を1週間に1回	
おもな作業	植え替え、株分け、切り戻し、挿し木、葉挿しなど									植え替え、株分け、切り戻し、挿し木、葉挿し、タネまきなど		

セダムの仲間

ベンケイソウ科の中でももっとも多くの種類をもつものがセダムです。

原産地は温帯・亜熱帯地域を中心に世界中に分布しており、日本にも自生する種類があります。

群生するものが多く、グランドカバーや寄せ植えなどで楽しめます。

セダム属

Sedum

科　名	ベンケイソウ科
原産地	北アメリカ、南アメリカ、アジア、日本、ヨーロッパ、中東、北アフリカ

小ぶりの葉を密集させて群生し、一般の草花としても人気のある多肉植物です。多くは暑さ・寒さに強い丈夫な春秋型で、春が開花期です。関東より西の地域なら、屋外で冬を越せる種類もあります。地面を這うように広がるもの、茎が下垂するもの、木立状になるものなど形態はさまざま。紅葉するものあり、幅広く楽しめます。

小松緑
Sedum multiceps

冬型

耐寒性：普通　耐暑性：弱い
難易度：★★★☆☆

木立性のセダム。針葉樹の樹皮に似た茎をしており、盆栽のようと人気。生長は遅く、紅葉する。同属では数少ない冬型種。

'オーロラ'
Sedum rubrotinctum 'Aurora'

春秋型

耐寒性：普通　耐暑性：弱い
難易度：★★☆☆☆

「虹の玉」の斑入り品種。ぷっくりと肉厚な葉に赤みのあるピンクが美しい。日光をしっかりと当てるのがコツ。下葉は落ちやすい。

乙女心
Sedum pachyphyllum

春秋型

耐寒性：普通　耐暑性：普通
難易度：★★☆☆☆

丸くふっくらした葉身のライムグリーンと葉先の赤のコントラストが愛らしい。光が不足すると葉先の発色が消えるので注意。

セダムは多肉植物以外とも相性抜群

セダムは葉色や姿形が豊富なうえに、丈夫な種類が多いので、寄せ植えに便利な植物です。セダム同士の寄せ植えは愛らしく、エケベリア（⇨P24）やクラッスラ（⇨34）を混ぜると、カラフルで華やかです。

一般の草花や観葉植物でも、鉢土を隠し、根元を飾る素材として人気です。初心者でもやりやすいのは、ムスカリやシラー、アネモネなどの球根植物、セージ、ラベンダー、ローズマリーなどのハーブ。乾かし気味を好む植物を選ぶのがポイントです。

球根植物のキアネラとムスカリ。足元の多肉植物はクラッスラとセダム。

ビオラ、多肉植物のブルビネにセダムを寄せ植え。

春萌
はるもえ
Sedum 'Alice Evans'

春秋型

耐寒性：強い　耐暑性：普通
難易度：★☆☆☆☆

木立性で肉厚な緑の葉がギュッと詰まった姿が特徴。寒冷地でなければ屋外でも耐える。伸びた茎を切って挿すだけでよくふえる。

パリダム錦
にしき
Sedum pallidum, variegated

春秋型

耐寒性：普通　耐暑性：弱い
難易度：★★☆☆☆

「パリダム」の斑入り品種。淡い緑と紫色の葉が特徴の小型種。紅葉もするが色合いは淡い。よく日光を当て、通風よく育てる。

八千代
やちよ
Sedum corynephyllum

春秋型

耐寒性：強い　耐暑性：弱い
難易度：★★☆☆☆

垂直に茎を伸ばし、その先に黄緑の肉厚な葉をたくさんつける。葉先にはほんのり赤く斑が入る。冬の霜には耐えるが、暑さは苦手。

虹の玉
にじのたま
Sedum rubrotinctum

春秋型

耐寒性：強い　耐暑性：普通
難易度：★☆☆☆☆

通常は緑だが、秋から春にかけて鮮やかな赤に染まる。生長・発根が早く、枝分かれしやすいので挿し木、葉挿しでふやしやすい。

黄麗
おうれい
Sedum adolphii 'Golden Glow'

春秋型

耐寒性：普通　耐暑性：普通
難易度：★★☆☆☆

金色のロゼットが特徴。生長が早く、屋外栽培に向いている。日照は明け方から昼までの4〜6時間ほどが最適。西日による葉焼けに注意。

アドルフィー‘セレクト’
Sedum adolphii 'Select'

春秋型

耐寒性：普通　耐暑性：普通
難易度：★★☆☆☆

「黄麗」の選抜品種。葉は細長く鋭利で肉厚。赤く縁どられた葉端と葉身の金色のグラデーションが美しい。黄麗より赤みが強め。

セダム属の栽培カレンダー

管理・作業	1月	2月	3月	4月	5月	6月	7月	8月	9月	10月	11月	12月
生育状況	休眠期		生育緩慢	生育期			休眠期			生育期	生育緩慢	休眠期
置き場	日当たりのよい屋内		日当たりのよい屋内 日中は屋外へ		風通しのよい日向（種類によっては明るい半日陰）		雨の当たらない明るい半日陰			風通しのよい日向		日当たりのよい屋内
水やり	葉水を1か月に1〜2回		徐々に増やす（1か月に1〜2回）	表土が乾いたらたっぷり			葉水を1か月に1〜2回			表土が乾いたらたっぷり		葉水を1か月に1〜2回
肥料			緩効性化学肥料を2か月に1回 または、液肥を1週間に1回			徐々に減らす（1か月に1〜2回）					緩効性化学肥料を2か月に1回 または、液肥を1週間に1回	
おもな作業			植え替え、株分け、切り戻し、挿し木、葉挿し、タネまきなど							植え替え、株分け、切り戻し、挿し木、葉挿し、タネまきなど		

※「小松緑」（冬型）は、冬型のベンケイソウ科（➡P61）に準ずる。

オロスタキス属
Orostachys

科　名	ベンケイソウ科
原産地	日本、中国、中東

小ぶりのロゼットを形成する春秋型種で、比較的寒さに強いタイプです。ランナーに子株をつけて群生し、グランドカバーなどに利用されるものもありますが、高温多湿に弱いので夏は蒸れないようにしましょう。花をつけた株は枯れてしまいます。子株がつきにくい種類は芯止めで子吹きさせましょう。日本に自生種がある多肉植物は、オロスタキス属とセダム属（⇨P42）のみです。

爪蓮華 （つめれんげ）
Orostachys japonica

春秋型

耐寒性：強い	耐暑性：普通
難易度：★☆☆☆☆	

日本原産のオロスタキス。先のとがった肉厚な葉が密集してロゼットを形成する。丈夫で育てやすく屋外で管理可能。初心者向け。

スピノーサ
Orostachys spinosa

春秋型

耐寒性：普通	耐暑性：普通
難易度：★★★☆☆	

株中央部に密な冬芽がロゼットを形成し、周辺の葉はハス状に開く。黄色い花を咲かせるが、高温多湿に弱く日本では開花しにくい。

白銀爪蓮華 （はくぎんつめれんげ）
Orostachys erubescens

春秋型

耐寒性：強い	耐暑性：普通
難易度：★☆☆☆☆	

「爪蓮華」同様、寒さ暑さに強く丈夫。白粉の吹いた淡い緑色の葉は、紅葉するとうっすら赤茶に染まる。写真で上に伸びているのは花芽。

子株のない株は春に芯止めをする

開花までの期間はそれぞれですが、多肉植物はいつか必ず花をつけます。ワンシーズンにいくつも花芽をつけ、翌年も同じように花が咲く植物もありますが、なかには一度花がついた株は枯れてしまう種類のものもあります。

このような性質をもつ植物を「一稔性植物」といいますが、オロスタキス属の多くは一稔性植物です。そのため子株のない株は、花が咲く前に「芯止め（⇨P153）」で強制的に子吹きを促すとよいでしょう。

アガベ属（⇨P62）やセンペルビウム属（⇨P48）にも一稔性の種類があります。

子株が出にくい「富士」は、2～3月ごろに芯止めするとよい。下葉が1～2段以上残る位置で、横から水平にナイフを入れる。

子持ち蓮華錦
Orostachys boehmeri, variegated

春秋型

耐寒性：弱い　耐暑性：普通
難易度：★★★☆☆

「子持ち蓮華」に、黄〜オレンジ色の斑が入る品種。冬の休眠中は地上部が枯れたようになるが生きている。

'富士'
Orostachys iwarenge 'Fuji'

春秋型

耐寒性：普通　耐暑性：弱い
難易度：★★★☆☆

淡緑色の葉に白覆輪の斑が入った美しいロゼットを形成する。開花すると枯れてしまうので、芯止めをして予備株をつくっておくとよい。

子持ち蓮華
Orostachys boehmeri

春秋型

耐寒性：弱い　耐暑性：普通
難易度：★★☆☆☆

ランナーで子株をたくさんつけ、花盛りの造形美も魅力的。冬は地上部が枯れるが、春にまた新芽を芽吹かせる。

'金星'
Orostachys iwarenge 'Kinboshi'

春秋型

耐寒性：普通　耐暑性：弱い
難易度：★★★☆☆

「富士」に似ているが、黄覆輪の斑。芯止めや胴切りで株をふやせる。うまく管理するには、通風をよくして、適度な日照が必要。

オロスタキス属の栽培カレンダー

管理・作業	1月	2月	3月	4月	5月	6月	7月	8月	9月	10月	11月	12月
生育状況	休眠期		生育緩慢	生育期			休眠期			生育期	生育緩慢	休眠期
置き場	日当たりのよい屋内		日当たりのよい屋内 日中は屋外へ		風通しのよい日向（種類によっては明るい半日陰）		雨の当たらない明るい半日陰			風通しのよい日向		日当たりのよい屋内
水やり	葉水を1か月に1〜2回		徐々に増やす（1か月に1〜2回）	表土が乾いたらたっぷり			葉水を1か月に1〜2回			表土が乾いたらたっぷり		葉水を1か月に1〜2回
肥料				緩効性化学肥料を2か月に1回 または、液肥を1週間に1回		徐々に減らす（1か月に1〜2回）					緩効性化学肥料を2か月に1回 または、液肥を1週間に1回	
おもな作業			植え替え、株分け、切り戻し、挿し木、葉挿し、タネまきなど							植え替え、株分け、切り戻し、挿し木、葉挿し、タネまきなど		

グラプトセダム属
Graptosedum

科　名	ベンケイソウ科
原産地	北アメリカ、中米

グラプトセダム属は、セダム属（⇨P42）とグラプトペタラム属（⇨P28）の交配属です。かわいらしい小型のロゼットを形成して、セダム属と同じように生育が旺盛です。暑さ・寒さに強く、関東より西の地域では、屋外でも冬越しすることが可能です。挿し木や葉挿しも成功しやすくよくふえ、管理もしやすいので、多肉植物栽培のビギナーにもおすすめの種類です。

'ブルーホビット'
× *Graptosedum* 'Blue Hobbit'

春秋型

耐寒性：普通　耐暑性：弱い
難易度：★★★☆☆

白く粉の吹いた青緑色の葉が美しいが、流通の少ないレアな種類。蒸れないように風通しよく管理する。

'パシフィックミステリー'
× *Graptosedum* 'Pacific Mystery'

春秋型

耐寒性：普通　耐暑性：普通
難易度：★★☆☆☆

黄緑の紡錘形の葉が美しいロゼットを形成する。株は小型。日光を好み、真夏に遮光する以外は直射日光下でもOK。

ブロンズ姫
× *Graptosedum* 'Bronze'

春秋型

耐寒性：普通　耐暑性：普通
難易度：★★☆☆☆

紅葉した赤銅色の葉が名の由来。普段は茶色がかった緑色をしている。水と肥料をあげすぎると赤銅色が出にくくなるので注意。

グラプトセダム属の栽培カレンダー

管理・作業	1月	2月	3月	4月	5月	6月	7月	8月	9月	10月	11月	12月
生育状況	休眠期		生育緩慢	生育期			休眠期			生育期	生育緩慢	休眠期
置き場	日当たりのよい屋内		日当たりのよい屋内 日中は屋外へ		風通しのよい日向 （種類によっては明るい半日陰）		雨の当たらない明るい半日陰			風通しのよい日向		日当たりのよい屋内
水やり	葉水を1か月に1〜2回		徐々に増やす (1か月に1〜2回)	表土が乾いたらたっぷり			葉水を1か月に1〜2回			表土が乾いたらたっぷり		葉水を1か月に1〜2回
肥料				緩効性化学肥料を2か月に1回 または、液肥を1週間に1回		徐々に減らす （1か月に1〜2回）					緩効性化学肥料を2か月に1回 または、液肥を1週間に1回	
おもな作業			植え替え、株分け、切り戻し、挿し木、葉挿し、タネまきなど							植え替え、株分け、切り戻し、挿し木、葉挿し、タネまきなど		

その他のセダムの仲間

科 名	ベンケイソウ科
原産地	［ロスラリア］地中海沿岸東部、トルコ周辺、近東 ［シノクラッスラ］中国南西部、インド北西部、ミャンマー

ここで紹介しているロスラリア属は、セダムのほか、センペルビウム属（⇒P48）とも近しい種類で、属名は「ロゼット状」という意味があります。シノクラッスラ属は「中国のクラッスラ」を意味しますが、生育環境はセダム属に近い種類です。どちらも子株をよくふやして群生します。寒さには比較的に強いですが、夏場の高温多湿に弱いので、蒸れないように管理することがポイントになります。

四馬路
Sinocrassula yunnanensis
（春秋型）

耐寒性：普通　耐暑性：強い
難易度：★★★☆☆

シノクラッスラ属。肉厚な紡錘形のとがった葉を放射状に広げる。色に個体差があり、緑、黒、暗緑色がある。丈夫で育てやすい。

アルバ
Rosularia alba
（春秋型）

耐寒性：強い　耐暑性：普通
難易度：★★★☆☆

ロスラリア属。丸みのあるライムグリーンの葉がロゼットを形成する紅葉種。白いラッパ状の花をつける。アブラムシに注意。

クリサンタ
Rosularia chrysantha
（春秋型）

耐寒性：強い　耐暑性：弱い
難易度：★★★☆☆

ロスラリア属。黄緑の葉がロゼットを形成して群生する。淡黄色のラッパ状の花を咲かせ、開花後に株は枯れる。屋外栽培が可能。

プラティフィラ
Rosularia platyphylla
（春秋型）

耐寒性：強い　耐暑性：普通
難易度：★★☆☆☆

ロスラリア属。微毛のある黄緑の葉がロゼットを形成。日に当てると葉先が色づく。繁殖力のある小型種で比較的暑さや寒さに強い。

● セダムの仲間の栽培カレンダー（春秋型）●

管理・作業	1月	2月	3月	4月	5月	6月	7月	8月	9月	10月	11月	12月
生育状況	休眠期		生育緩慢	生育期			休眠期			生育期	生育緩慢	休眠期
置き場	日当たりのよい屋内		日当たりのよい屋内 日中は屋外へ		風通しのよい日向（種類によっては明るい半日陰）		雨の当たらない明るい半日陰			風通しのよい日向		日当たりのよい屋内
水やり	葉水を1か月に1～2回		徐々に増やす（1か月に1～2回）	表土が乾いたらたっぷり			葉水を1か月に1～2回			表土が乾いたらたっぷり		葉水を1か月に1～2回
肥料				緩効性化学肥料を2か月に1回または、液肥を1週間に1回			徐々に減らす（1か月に1～2回）					緩効性化学肥料を2か月に1回または、液肥を1週間に1回
おもな作業			植え替え、株分け、切り戻し、挿し木、葉挿し、タネまきなど							植え替え、株分け、切り戻し、挿し木、葉挿し、タネまきなど		

山岳地帯に自生するセンペルビウムの仲間は、寒さに強いのが特徴です。整ったロゼットが美しく、紅葉した姿はエレガントな雰囲気があります。群生した姿も魅力ですが、蒸れに弱いため夏の管理には注意しましょう。初心者でも比較的育てやすい種類が多い仲間です。

センペルビウム属

Sempervivum

科　名	ベンケイソウ科
原産地	ヨーロッパ、ヨーロッパ中部、ヨーロッパ南部

ランナーの先に子株をつけて群生するタイプです。丈夫な性質の春秋型種で、冬は屋外でも問題ありません。ただし、高温多湿に弱いので、夏は雨に当てず風通しのよい半日陰で管理をしましょう。花を咲かせると枯れてしまう一稔性植物です。子株のない株は、6月ごろに花茎が伸び始めたら花茎の根元から切って、強制的に子吹きを促すようにしましょう。

カルカレウム ‘グラメウス’

Sempervivum calcareum 'Grameus'

春秋型

耐寒性：強い
耐暑性：普通
難易度：★★☆☆☆

緑の葉にワインレッドに染まった葉先が鮮やか。美しい発色とロゼットの秘訣は十分な日照。非常に強健で冬の雨にも霜にも耐える。

‘バニラシフォン’

Sempervivum 'Vanilla Chiffon'

春秋型

耐寒性：強い
耐暑性：普通
難易度：★★★☆☆

春に鮮やかな緑の葉に黄色の斑が入り、冬には紅葉する。ピンクの花のように見えるのは新芽で、春を過ぎると徐々に緑に変わる。

‘レッドオディティー’

Sempervivum 'Red Oddity'

春秋型

耐寒性：強い　　耐暑性：普通
難易度：★★★☆☆

管状にカールした葉がロゼットを形成する個性派センペルビウム。葉色は青緑色で葉先が暗赤色に染まる。真夏は遮光して管理を。

センペルビウムの仲間　センペルビウム属

'パシフィックテディ'
Sempervivum 'Pacific Teddy'

耐寒性：強い
耐暑性：普通
難易度：★★★☆☆

霜が降りたような白く美しい微毛が特徴で、幻想的な姿が人気。葉は緑で葉先は赤く染まる。真夏は遮光して通風のよい場所に置く。

'パシフィックゾフティック'
Sempervivum 'Pacific Zoftic'

耐寒性：強い
耐暑性：普通
難易度：★★☆☆☆

薄桃色の微毛がびっしり生えた中型品種。小さいが枚数は多い葉が密なロゼットを形成する。水やりは葉に水をかけないようにする。

'グリンフィ'
Sempervivum 'Greenfee'

耐寒性：強い
耐暑性：普通
難易度：★★☆☆☆

きれいなロゼットを形成する明るいグリーンの葉は、根元が赤紫色に染まるのが特徴。葉先もやや色づく。寒さに強い。

'ブルーボーイ'
Sempervivum 'Blue Boy'

耐寒性：強い
耐暑性：普通
難易度：★★☆☆☆

青みがかった銀緑色がめずらしい品種。やや細長めの葉でロゼットを形成する。葉先の紫色は夏になると少し薄くなる。初心者向け。

● センペルビウム属の栽培カレンダー ●

管理・作業	1月	2月	3月	4月	5月	6月	7月	8月	9月	10月	11月	12月
生育状況	休眠期		生育緩慢	生育期			休眠期			生育期	生育緩慢	休眠期
置き場	日当たりのよい屋内		日当たりのよい屋内 日中は屋外へ	風通しのよい日向（種類によっては明るい半日陰）			雨の当たらない明るい半日陰			風通しのよい日向	日当たりのよい屋内	
水やり	葉水を1か月に1〜2回		徐々に増やす（1か月に1〜2回）	表土が乾いたらたっぷり			葉水を1か月に1〜2回			表土が乾いたらたっぷり	葉水を1か月に1〜2回	
肥料			緩効性化学肥料を2か月に1回 または、液肥を1週間に1回			徐々に減らす（1か月に1〜2回）					緩効性化学肥料を2か月に1回 または、液肥を1週間に1回	
おもな作業			植え替え、株分け、切り戻し、挿し木、葉挿し、タネまきなど								植え替え、株分け、切り戻し、挿し木、葉挿し、タネまきなど	

カルカレウム 'ニグラム'
Sempervivum calcareum 'Nigrum'

春秋型

耐寒性：強い　耐暑性：普通
難易度：★★☆☆☆

青緑色の葉身と赤褐色に染まった葉先のコント
ラストが美しい中型品種。環境によって色にか
なり個体差が出る。高温多湿に注意。

'ミセスジョセフィー'
Sempervivum 'Mrs. Josephy'

春秋型

耐寒性：強い　耐暑性：普通
難易度：★★☆☆☆

鮮緑色の葉に赤みのある褐色に染まった葉先
が見事。紅葉はしないがそのままでも十分に美
しい。丈夫で子株をたくさんつける。

'パシフィックメイフェアー'
Sempervivum 'Pacific Mayfair'

春秋型

耐寒性：強い　耐暑性：普通
難易度：★★☆☆☆

葉端に白い微毛をつけたライムグリーンの葉が
密なロゼットを形成する。耐寒性が非常に強く、
雪の下で越冬する。霜にも耐える。

'レッドライオン'
Sempervivum 'Red Lion'

春秋型

耐寒性：強い　耐暑性：普通
難易度：★★☆☆☆

赤～暗赤色の葉が目を引
く中型品種。やや葉が薄い
せいか、美しいロゼットの維
持が難しい。ただし丈夫で
耐暑性もそれなりにある。

百恵
Sempervivum 'Oddity'

春秋型

耐寒性：普通　耐暑性：普通
難易度：★★☆☆☆

筒状に丸まった葉がロゼットを形成する。葉身
は緑色で、先が黒く染まる。姿は個性的だが
育てやすいので初心者向き。

過湿で傷んだ「百恵」の仕立て直し

過湿のダメージはひと晩
で広がることもあります。
初期であれば、表面がくさ
っているだけですから、傷
んだ葉を取り除き、そのま
ま乾かし気味に管理すれば
回復してきます。

　ダメージが大きく幹も茶
色くなって傷んでいるよう
なら、鉢から抜いて仕立て
直します。

❶鉢から株を抜い
て、傷んだ根と葉を
白い幹が見えてくると
ころまですべて取り除
き、傷んでいない部
分だけを残す。

❷残した部分は、明
るい半日陰で数日～
1週間ほど乾燥させ
てから、新しい土に
植えつける。水やり
は植えつけ後3～4日
経ってから行う。

綾桜
Sempervivum tectorum var. *calcareum*

耐寒性：普通　耐暑性：普通
難易度：★★☆☆☆

モスグリーンの葉に茶色に染まった葉先が特徴。よく子株を出す。枯れた下葉はこまめに手で取り除いて蒸れを防ぐ。

'ギャラクシースター'
Sempervivum 'Galaxy Star'

耐寒性：強い　耐暑性：普通
難易度：★★★☆☆

ライムグリーンの葉に白い斑が入る。中央部分の葉裏と葉先が濃いピンク色に色づく姿が愛らしい。寒さに強いが日光量に注意。

大型巻絹
Sempervivum arachnoideum cv.

耐寒性：強い　耐暑性：普通
難易度：★★☆☆☆

クモの巣のように白毛をまとう「巻絹」系の交配種。花はピンク。屋外でも栽培できるが高温多湿は苦手なので蒸れないようにする。

'ブラックプリンス'
Sempervivum 'Black Prince'

耐寒性：普通　耐暑性：普通
難易度：★★☆☆☆

黒みがかった赤紫の葉は、葉先から縁に淡い緑色が入り、きれいなロゼットを形成する。根元から子株を伸ばして群生する。

センペルビウムのふやし方

　ランナーの先に子株をつけるセンペルビウムは、ランナーを切り離して子株を育てることができます。ランナーが太い種類のものは、切ったところからまた芽を出し、子株をつけます。細いランナーはそのまま枯れますが、充実した株ならたくさんのランナーを伸ばすので、子株もふえ群生します。

❶ランナーについた子株のつけ根をハサミで切る。

❷子株の下葉を取り除き、数日〜1週間ほど明るい半日陰におき、切り口を乾かす。

❸切り口の乾いた子株を新しい用土に挿す。1週間ほどたってから水やりし、その後は通常管理に。

ジョビバルバ属
Jovibarba

科 名	ベンケイソウ科
原産地	ヨーロッパ南東部

自生地はヨーロッパの高山で、寒さに強い春秋型種です。現状ではセンペルビウム属（⇨P48）に分類される種類ですが、本書ではジョビバルバ属として紹介します。センペルビウムは花弁の多いピンク系の花をつけ、ランナーで子株をふやします。一方、ジョビバルバは、花弁の少ない黄色の花をつけ、分頭して群生するという違いがあります。

'レギア'
Jovibarba heuffelii 'Regia'

春秋型

耐寒性：強い　耐暑性：普通
難易度：★★☆☆☆

黄緑の葉身と赤紫色に染まった葉先のコントラストが鮮やか。葉はやや平べったい。寒さに強く真冬の屋外でも問題なく育つ。

'ライトグリーン'
Jovibarba heuffelii 'Light Green'

春秋型

耐寒性：普通　耐暑性：普通
難易度：★★☆☆☆

肉厚な葉がロゼットを形成する。葉色は透明感のある青緑で目を引く。きれいに育てるコツは十分な日照と寒さに当てること。

'ピンクスター'
Jovibarba heuffelii 'Pink Star'

春秋型

耐寒性：普通　耐暑性：普通
難易度：★★☆☆☆

名の由来は赤みのあるピンクの葉。黄緑の微毛が葉端を縁取るのが特徴。夏・冬に下葉が枯れて小さくなるが、生育期には元に戻る。

'ボーラ'
Jovibarba heuffelii 'Bora'

春秋型

耐寒性：強い　耐暑性：弱い
難易度：★★☆☆☆

赤紫〜黄緑の葉がロゼットを形成し、葉端に白い微毛が生える。寒さに強いため庭の寄せ植えのアクセントによい。乾燥を好む。

'カメオ'
Jovibarba heuffelii 'Cameo'

春秋型

耐寒性：強い　耐暑性：弱い
難易度：★★☆☆☆

赤〜赤紫、青緑〜黄緑と葉色にグラデーションがあり美しい。寒さに強く乾燥を好むため、寒冷地でも庭植えが可能。湿気に注意。

'トリッドゾーン'
Jovibarba heuffelii 'Torrid Zone'

春秋型

耐寒性：強い　耐暑性：弱い
難易度：★★☆☆☆

光沢のある葉の縁には微毛が生えている。秋〜冬は十分な太陽光と寒さに当てることで、美しい赤紫色を深める。耐寒性が高い。

'ゴールドバグ'
Jovibarba heuffelii 'Gold Bug'

春秋型

耐寒性：強い　耐暑性：弱い
難易度：★★☆☆☆

葉全体に微毛が生える中型種。夏の間はライムグリーン色の葉だが、気温が下がると黄色〜赤へ染まる。比較的強健な品種で育てやすい。

'インフェルノ'
Jovibarba heuffelii 'Inferno'

春秋型

耐寒性：普通
耐暑性：普通
難易度：★★☆☆☆

鮮やかな赤が目を引く中型品種。葉の基部は黄緑で葉端は白い微毛で縁取られる。初夏になるにつれ、赤がより鮮やかになる。

'フリーモント'
Jovibarba heuffelii 'Fremont'

春秋型

耐寒性：強い
耐暑性：弱い
難易度：★☆☆☆☆

普段は鮮やかな緑色だが紅葉すると赤紫に染まる。日当たりと乾燥を好むが、真夏は直射日光が当たらない場所に置く。

'ファンタンゴ'
Jovibarba heuffelii 'Fantango'

春秋型

耐寒性：強い
耐暑性：弱い
難易度：★★☆☆☆

黄緑の葉の先が赤く染まる見た目は「レギア」に似るが、こちらのほうが少し大型。低温下では葉先の発色がよりくっきりする。

'パサート'
Jovibarba heuffelii 'Passat'

春秋型

耐寒性：強い
耐暑性：弱い
難易度：★★☆☆☆

葉の赤紫〜黄緑のグラデーションが美しく、紅葉すると赤が強くなる。霜にも強いので、冬は日当たりのよい場所で屋外管理が可能。

ジョビバルバ属の栽培カレンダー

管理・作業	1月	2月	3月	4月	5月	6月	7月	8月	9月	10月	11月	12月
生育状況	休眠期		生育緩慢		生育期		休眠期			生育期	生育緩慢	休眠期
置き場	日当たりのよい屋内		日当たりのよい屋内 日中は屋外へ		風通しのよい日向（種類によっては明るい半日陰）		雨の当たらない明るい半日陰			風通しのよい日向		日当たりのよい屋内
水やり	葉水を1か月に1〜2回		徐々に増やす（1か月に1〜2回）	表土が乾いたらたっぷり			葉水を1か月に1〜2回			表土が乾いたらたっぷり		葉水を1か月に1〜2回
肥料			緩効性化学肥料を2か月に1回 または、液肥を1週間に1回			徐々に減らす（1か月に1〜2回）					緩効性化学肥料を2か月に1回 または、液肥を1週間に1回	
おもな作業			植え替え、株分け、切り戻し、挿し木、葉挿し、タネまきなど								植え替え、株分け、切り戻し、挿し木、葉挿し、タネまきなど	

その他のベンケイソウ科

ベンケイソウ科にはまだまだ多くの属があり、世界中にさまざまな種類が自生しています。生育型は種類によって異なりますが、冬型の代表格にはアエオニウム属があり、夏型にはカランコエ属やコチレドン属があります。比較的育てやすいものが多いのもベンケイソウ科の魅力です。

アエオニウム属
Aeonium

科　名	ベンケイソウ科
原産地	カナリア諸島、カーボベルデ、マデイラ諸島、東アフリカ、アラビア半島

多くは灌木のように茎立ちし、その先にロゼット状の葉をつけます。代表的な冬型タイプで、日当たりを好みますが夏の暑さや多湿に弱いため、夏は明るい半日陰で水やりは完全に止めて管理します。開花すると枯れやすいので、「明鏡」のような子株つかないものは、花が咲く前に花茎を早めに切り、子吹きを促します。

'エメラルドアイス'
Aeonium 'Emerald Ice'

冬型

耐寒性：普通　耐暑性：弱い
難易度：★★★☆☆

淡い緑葉の縁に白い斑が入る。草丈はさほど高くならず、ロゼット状の葉は生長するほど細長くなる。明るい場所で管理を。

艶日傘
Aeonium arboreum, variegated

冬型

耐寒性：普通　耐暑性：普通
難易度：★★☆☆☆

鮮緑色の葉に黄色の斑が入る。葉端がほんのり赤く色づくが紅葉はしない。基本的に日に当てるが、夏だけは遮光する。

アウレウム
Aeonium aureum

冬型

耐寒性：普通　耐暑性：弱い
難易度：★★☆☆☆

ロゼットが美しいが、休眠期は葉先が蕾状に閉じる。子吹きせず単頭で育ち、花が咲くと枯れる。グリーノビア属として流通することもある。

スミチー
Aeonium smithii

冬型

耐寒性：普通　耐暑性：普通
難易度：★★☆☆☆

茎に白い微毛が生える。暗赤色の斑点が入った葉はフリル状に波打ってロゼットを形成する。生育期には直径が15cmほどになる。

その他のベンケイソウ科　アエオニウム属

'マルディグラ'
Aeonium 'Mardi Gras'

冬型

耐寒性：普通　耐暑性：普通
難易度：★★★☆☆

「謝肉祭の最終日」を意味する名の通り、濃い紫・緑・白・黄色のグラデーションが華やかで美しい。同属の中では水を好むタイプ。

'スターバースト'
Aeonium 'Starburst'

冬型

耐寒性：普通　耐暑性：普通
難易度：★★☆☆☆

緑色の葉身に黄色の斑が入り、葉端は赤い覆輪が入る。生長すると茎が伸びて下葉が落ち、一輪挿しのような姿になる。

リンドレイ
Aeonium lindleyi

冬型

明鏡錦
Aeonium tabuliforme, variegated

冬型

耐寒性：普通　耐暑性：普通
難易度：★★★☆☆

「明鏡」の変種で中央に黄緑色の斑が入る。茎はほぼない。葉に微毛が生え、5〜30cmのロゼットを形成する。日光を好む。

サンバースト石化
Aeonium 'Sunburst', crested

冬型

耐寒性：普通　耐暑性：普通
難易度：★★☆☆☆

「サンバースト」の石化品種。小さめのロゼットが密に重なり合い、独特のフォルムをつくる。葉は黄色の斑が入り、低温時に紅葉する。

耐寒性：普通　耐暑性：普通
難易度：★★★☆☆

肉厚で微毛に覆われた葉が密にロゼットを形成する木立性。冬は紅葉するが、日照不足になると徒長して葉の形が乱れる。

アエオニウム属の栽培カレンダー

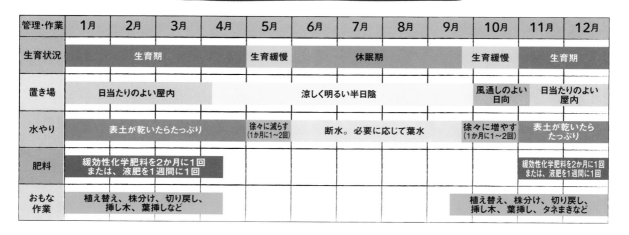

管理・作業	1月	2月	3月	4月	5月	6月	7月	8月	9月	10月	11月	12月
生育状況	生育期				生育緩慢	休眠期				生育緩慢	生育期	
置き場	日当たりのよい屋内				涼しく明るい半日陰					風通しのよい日向	日当たりのよい屋内	
水やり	表土が乾いたらたっぷり				徐々に減らす(1か月に1〜2回)	断水。必要に応じて葉水				徐々に増やす(1か月に1〜2回)	表土が乾いたらたっぷり	
肥料	緩効性化学肥料を2か月に1回または、液肥を1週間に1回										緩効性化学肥料を2か月に1回または、液肥を1週間に1回	
おもな作業	植え替え、株分け、切り戻し挿し木、葉挿しなど										植え替え、株分け、切り戻し挿し木、葉挿し、タネまきなど	

小人の祭り
Aeonium sediforme

冬型

耐寒性：普通
耐暑性：普通
難易度：★★★☆☆

1cmほどのぷっくりとした肉厚の葉をたくさんつけ、幹立ちで地上に群生する。紅葉すると葉先が赤くなる。高温多湿が苦手。

'ブロンズメダル'
Aeonium 'Bronze Medal'

冬型

耐寒性：普通　耐暑性：普通
難易度：★★★☆☆

高さ20cmほどまで生長する中型種。葉端を中心に暗赤色の斑点が入る。日照時間が長いとオレンジ色が強くなる。

サウンデルシー
Aeonium saundersii

冬型

耐寒性：普通　耐暑性：普通
難易度：★★☆☆☆

枝の先に黄緑色の葉がロゼットを形成するが、夏の休眠期には閉じて球状になる。灌木のように幹立ちし、日照不足で徒長する。

黒法師
Aeonium 'Zwartkop'

冬型

耐寒性：普通　耐暑性：普通
難易度：★★★☆☆

名の通り漆黒の葉が美しいが、日照が足りないと緑になってしまう。とくに春～初夏にかけては明るい日向に置くとよい。

黒法師錦
Aeonium 'Zwartkop', variegated

冬型

耐寒性：普通　耐暑性：弱い
難易度：★★★☆☆

「黒法師」の斑入り品種。夏は緑色が強いが、冬は黒葉に赤い斑が入り艶やか。日光に当てるほど色が濃くなる。高温多湿を避け通風を保つ。

下葉が落ちた「サンバースト」の仕立て直し

アエオニウムは下葉を落とす種類が多いので、どうしても茎が長く露出した姿になります。バランスを整えるために仕立て直しをしましょう。

❶切ったところから新芽が出るので、芽が伸びる姿を想像し、茎を切る。すでに新芽が出ている上で切ってもよい。

❷切ったものは数日～1週間ほど明るい半日陰におき、切り口を乾かす。

❸乾かした挿し穂は新しい用土に挿す。株の下の部分は、気根を切り、古い土をざっくり落として新しい用土で植え替える。

アドロミスクス属

Adromischus

科　名	ベンケイソウ科
原産地	南アフリカ、ナミビア

卵型、ヘラ型、棒状など葉の形状はさまざまで、表面も不規則に模様が入るもの、デコボコとざらついたもの、白粉を帯びるものなど多彩です。同じ種でも産地により個体差があり、生長すると茎が木質化する種類もあります。群生しますが小型種が多いため、場所を取らずに栽培できます。葉が取れやすく、葉挿しでよくふえるため、葉だけで販売されていることもあります。多くの種類は春秋型種です。

マリアニアエ
Adromischus marianiae

春秋型

耐寒性：普通　耐暑性：弱い
難易度：★★★☆☆

緑白色の細長い葉には赤紫の斑点が入る。葉が取れやすく、葉挿しでも発芽しやすい。高温多湿が非常に苦手なので夏の管理に注意。

トリフロルス
Adromischus triflorus

春秋型

耐寒性：普通　耐暑性：普通
難易度：★☆☆☆☆

丸く平たいうちわ状の葉は、淡緑色に赤紫の斑点が入る。生長が緩やかなタイプだが、栽培は容易。通風のよい遮光下で管理する。

レウコフィルス
Adromischus leucophyllus

春秋型

耐寒性：普通　耐暑性：普通
難易度：★★☆☆☆

緑白色の楕円形の葉が美しく目を引く。水やりの際は葉に水をかけない。栽培は比較的容易で水はけのよい土を好む。

'リトルスフェロイド'
Adromischus marianiae 'Little Spheroid'

春秋型

耐寒性：普通　耐暑性：弱い
難易度：★★★☆☆

ツバキのタネに似た肉厚でころんとした葉が特徴。葉は取れやすいが葉挿しも容易。2〜3年ごとに植え替えをし、乾燥気味に育てる。

アドロミスクス属の栽培カレンダー

管理・作業	1月	2月	3月	4月	5月	6月	7月	8月	9月	10月	11月	12月
生育状況	休眠期		生育緩慢	生育期			休眠期			生育期	生育緩慢	休眠期
置き場	日当たりのよい屋内		日当たりのよい屋内 日中は屋外へ	風通しのよい日向（種類によっては明るい半日陰）			雨の当たらない明るい半日陰			風通しのよい日向		日当たりのよい屋内
水やり	葉水を1か月に1〜2回		徐々に増やす（1か月に1〜2回）	表土が乾いたらたっぷり			葉水を1か月に1〜2回			表土が乾いたらたっぷり		葉水を1か月に1〜2回
肥料				緩効性化学肥料を2か月に1回または、液肥を1週間に1回		徐々に減らす（1か月に1〜2回）					緩効性化学肥料を2か月に1回または、液肥を1週間に1回	
おもな作業			植え替え、株分け、切り戻し、挿し木、葉挿し、タネまきなど								植え替え、株分け、切り戻し、挿し木、葉挿し、タネまきなど	

カランコエ属
Kalanchoe

科　名	ベンケイソウ科
原産地	アフリカ南部、アフリカ東部、アラビア半島、東アジア、東南アジア

白毛に覆われたもの、平たく幅広の形状のもの、葉縁に切れ込みのあるものなど葉の形状や質感はさまざまです。丈夫な性質の夏型種で、日照時間が短くなる秋〜冬に花をつけます。冬でも室内管理で照明に当たる時間が長いと花がつきにくくなります。葉挿し、挿し木でよくふえ、株分けもしやすく育てやすい種類です。

ミロッティー
Kalanchoe millotii

夏型

耐寒性：弱い　耐暑性：普通
難易度：★★☆☆☆

白い微毛に覆われたフェルト状の淡緑色の葉が特徴。「月兎耳」とほぼ同じ性質をもち、丈夫で育てやすい。冬咲きで花色は白。

ルシアエ'オリキュラ'
Kalanchoe luciae 'Oricula'

夏型

耐寒性：弱い　耐暑性：普通
難易度：★★☆☆☆

同属「唐印」の石化品種。内側がくぼんだ肉厚の葉を無秩序に上へと伸ばす。紅葉する。明るい半日陰の通風のよい場所で管理を。

'チョコレートソルジャー'
Kalanchoe tomentosa 'Chocolate Soldier'

夏型

耐寒性：弱い
耐暑性：普通
難易度：★★☆☆☆

名の通り、薄茶色の微毛に茶色の斑点をもつぷっくりとした葉が愛らしい。生育環境の適温は15〜23℃内とやや繊細。葉焼けに注意。

朱蓮
Kalanchoe longiflora

夏型

耐寒性：弱い
耐暑性：普通
難易度：★★☆☆☆

朱色の葉と緑色のコントラストが美しいカランコエ。日照不足だと葉が緑色になってしまう。寒さに弱いので防寒対策を。

月兎耳（つきとじ）
Kalanchoe tomentosa

夏型

耐寒性：弱い　耐暑性：普通
難易度：★★☆☆☆

白毛に覆われた葉はまさにウサギの耳。葉縁に茶色の斑点が入る。丈夫で育てやすいが、やや寒さに弱いので冬は室内で管理する。

トナカイの舞（まい）
Kalanchoe 'Kewensis'

夏型

耐寒性：弱い　耐暑性：普通
難易度：★★☆☆☆

切れ込みの入った個性的な葉が名の由来。照り葉で緑色だが紅葉すると褐色がかった色になる。草丈があるので定期的な摘心を。

ベハレンシス ‘ミニマ’
Kalanchoe behalensis 'Minima'

夏型

耐寒性：弱い　耐暑性：弱い
難易度：★★★☆☆

同属の「ベハレンシス」の小型品種。暑さや寒さにはやや弱い。同属の中では耐陰性があるが、日光に当てたほうが葉の発色がよい。

不死蝶錦（ふしちょうにしき）
Bryophyllum daigremontianum, variegated

夏型

耐寒性：弱い　耐暑性：強い
難易度：★☆☆☆☆

ブリオフィルム属。カランコエ属の近種。細長い葉には黒紫の斑が入る。非常に強健だが寒さには弱い。初心者向き。

‘ベラドンナ’
Kalanchoe 'Belladonna'

夏型

耐寒性：弱い　耐暑性：普通
難易度：★★☆☆☆

丈の高い茎の先につぼ型4弁の赤い花をつける。日光を好むが冬は室内で管理する。水やりは土が乾いて数日後にたっぷり与える。

カランコエ属の栽培カレンダー

管理・作業	1月	2月	3月	4月	5月	6月	7月	8月	9月	10月	11月	12月
生育状況	休眠期			生育緩慢	生育期					生育緩慢	休眠期	
置き場	日当たりのよい屋内			日当たりのよい屋内か風通しのよい日向	風通しのよい日向（種類によっては梅雨明け〜9月中旬は明るい半日陰）						日当たりのよい屋内	
水やり	断水			徐々に増やす（1か月に1〜2回）	表土が乾いたらたっぷり					徐々に減らす（1か月に1〜2回）	断水	
肥料					緩効性化学肥料を2か月に1回　または、液肥を1週間に1回							
おもな作業				植え替え、株分け、切り戻し、挿し木、葉挿し、タネまきなど								

コチレドン属
Cotyledon

科 名	ベンケイソウ科
原産地	アフリカ南部〜アラビア半島

うぶ毛のあるもの、白粉の帯びたものなど繊細な雰囲気の印象ですが、比較的丈夫で育てやすい種類です。多くの種類は夏型ですが、暑さに弱い春秋型種もあります。生育型に限らず高温多湿には弱いので、長雨には当てないようにしましょう。葉が落ちやすいタイプですが葉挿しは成功しにくく、手軽にふやしたいなら挿し木のほうがおすすめです。

銀波錦
Cotyledon orbiculata cv.

耐寒性：普通　耐暑性：普通
難易度：★★☆☆☆

銀緑色の葉にフリルのように波打った葉端が特徴。白粉がかった葉にはなるべく水をかけないようにする。真夏は直射日光を避ける。

熊童子錦
Cotyledon tomentosa, variegated

耐寒性：普通
耐暑性：弱い
難易度：★★★★☆

「熊童子」の斑入り品種。うぶ毛のある熊の手に似た愛らしい肉厚な葉が特徴。秋にオレンジ色の葉を咲かせる。高温多湿が苦手。

‘白眉’
Cotyledon orbiculata 'Hakubi'

耐寒性：普通　耐暑性：普通
難易度：★★★☆☆

白緑色の平らな葉に赤い縁どりが特徴。花は夏咲きでオレンジ色の鐘状。生育期は日光によく当て、通風よく管理する。

● コチレドン属の栽培カレンダー（夏型）

管理・作業	1月	2月	3月	4月	5月	6月	7月	8月	9月	10月	11月	12月
生育状況	休眠期			生育緩慢	生育期					生育緩慢	休眠期	
置き場	日当たりのよい屋内			日当たりのよい屋内か風通しのよい日向	風通しのよい日向（種類によっては梅雨明け〜9月中旬は明るい半日陰）						日当たりのよい屋内	
水やり	断水			徐々に増やす（1か月に1〜2回）	表土が乾いたらたっぷり					徐々に減らす（1か月に1〜2回）	断水	
肥料					緩効性化学肥料を2か月に1回または、液肥を1週間に1回							
おもな作業				植え替え、株分け、切り戻し、挿し木、葉挿し、タネまきなど								

※「熊童子錦」（春秋型）は、アドロミスクス属（➡P57）に準ずる。

冬型のその他のベンケイソウ科

科　名	ベンケイソウ科
原産地	カナリア諸島、アフリカ東部、南西ヨーロッパ、地中海沿岸

冬型のアエオニウム属（⇨P54）に近い種類に、アイクリソン属、ウンビリクス属、モナンテス属などがあります。アイクリソン属は子株をつけて灌木状になりますが、自生地では1〜2年の短命植物です。ウンビリクス属は丸い葉の中心がへこんでいるのが特徴で、属名は「へそ」という意味があります。モナンテス属は葉が小さく、ほぼすべてが小型種です。いずれも流通が比較的少ない種類です。

トルツオスム錦
Aichrison tortuosum, variegated

冬型

耐寒性：普通　耐暑性：普通
難易度：★★★☆☆

アイクリソン属。樹木状に分岐し、枝の先に淡緑色と黄色の美しいロゼットを形成する。冷涼な気候が好み。定期的に仕立て直しを。

モナンテス・パレンス
Monanthes pallens

冬型

耐寒性：普通　耐暑性：弱い
難易度：★★★☆☆

モナンテス属。丸くころんとした葉がロゼットを形成。葉の表面はざらざらしており、群生する。蒸れやすいので通風をよくして管理を。

モナンテス・ブラキカウロス
Monanthes brachycaulos

冬型

耐寒性：普通　耐暑性：弱い
難易度：★★★☆☆

モナンテス属。鮮緑色の丸い葉が3.5cm未満と小さめのロゼットを形成し、ランナーを伸ばして群生する。花は緑色。蒸し暑さに弱い。

ウンビリクス・玉盃
Umbilicus rupestris

冬型

耐寒性：普通　耐暑性：普通
難易度：★★☆☆☆

ウンビリクス属。スイレンに似た肉厚の葉が特徴。春先に緑とピンクが混ざった色のベル状の花を咲かせる。

●冬型のベンケイソウ科の栽培カレンダー●

管理・作業	1月	2月	3月	4月	5月	6月	7月	8月	9月	10月	11月	12月
生育状況	生育期				生育緩慢	休眠期			生育緩慢		生育期	
置き場	日当たりのよい屋内				涼しく明るい半日陰					風通しのよい日向	日当たりのよい屋内	
水やり	表土が乾いたらたっぷり				徐々に減らす（1か月に1〜2回）	断水。必要に応じて葉水			徐々に増やす（1か月に1〜2回）		表土が乾いたらたっぷり	
肥料	緩効性化学肥料を2か月に1回または、液肥を1週間に1回									緩効性化学肥料を2か月に1回または、液肥を1週間に1回		
おもな作業	植え替え、株分け、切り戻し、挿し木、葉挿しなど									植え替え、株分け、切り戻し、挿し木、葉挿し、タネまきなど		

アガベ

するどいトゲをもち、放射状やロゼット状に葉を広げるシャープな姿が人気のアガベ。メキシコの蒸留酒であるテキーラの原料としても知られています。男性に好まれていましたが、近年は女性の愛好家も増えています。開花までに数十年かかり、多くの種類が花を咲かすと枯れてしまう種類です。

アガベ属
Agave

科 名	キジカクシ科
原産地	アメリカ南部、中央アメリカ、南アメリカ

生長は遅いですが、強健で育てやすい種類です。多くは夏型種で、通風と強い光を好みます。日照不足になると葉色が悪くなってくるので注意します。子株をつける種類は、定期的に株分けするとよいでしょう。小さな株なら1年に1回、中株〜大株でも2年に1回行うのがおすすめです。子株がつきにくい種類は芯止めや芯割り（⇨P153）で子吹きを促します。

チタノタ
Agave titanota

夏型

耐寒性：普通　耐暑性：強い
難易度：★★☆☆☆

葉縁のトゲが特徴の中型アガベ。葉とトゲのフォルムや色に個体差がある。高温と強光を好み、育てやすい。霜は避ける。

'ホワイトアイス'
Agave titanota 'White Ice'

夏型

耐寒性：普通　耐暑性：強い
難易度：★★☆☆☆

白く粉の吹いた青緑の葉に白い鋸歯が特徴。生長するごとに葉と鋸歯が白くなる。水を控えめにし、日光によく当てると締まった株に育つ。

'ドラゴントゥズ'
Agave pygmaea 'Dragon Toes'

夏型

耐寒性：普通　耐暑性：強い
難易度：★★☆☆☆

緑白色の葉に赤みがかった橙色の鋸歯をもつ小型種。生長すると鋸歯の赤みが増してくる。直射日光と乾燥を好み、霜は苦手。

'リトルペンギン'
Agave 'Little Penguins'

夏型

耐寒性：普通　耐暑性：強い
難易度：★★☆☆☆

細長い葉と葉先の長く黒いトゲは、ペンギンが首を伸ばしているようにも見える。高熱と乾燥に耐える強健種だが、湿気と霜には注意。

白糸の王妃錦
Agave schidigera, variegated

夏型

耐寒性：普通　耐暑性：強い
難易度：★★☆☆☆

「白糸の王妃」の斑入り品種。剣状の葉縁から白糸様の毛を伸ばす。株自体は小型で、入手できれば強健で育てやすい。

62

アガベ　アガベ属

'パピリオ・プラタノイデス'
Agave marmorata 'Papilio Platanoides'

夏型

耐寒性：普通　耐暑性：強い
難易度：★★☆☆☆

幅の広い葉がハスの花のようなロゼットを形成。アガベらしくない個性的な姿が魅力のレア種。中型種だが、生育は比較的早い。

ストリクタ
Agave stricta

夏型

耐寒性：普通　耐暑性：強い
難易度：★★☆☆☆

葉先に黒いトゲをもつ青緑の葉が放射状に伸びる。大型になると半円球のような姿になる。冬は葉が赤く染まる個体も。丈夫な強健種。

那智の輝き
Agave americana, mediopicta

夏型

耐寒性：普通　耐暑性：強い
難易度：★★☆☆☆

青緑色の葉にクリーム色の斑が美しい人気品種。生長は遅く、直射日光～半日陰を好む。霜は避けたほうが無難。

'ブルーエンバー'
Agave 'Blue Ember'

夏型

耐寒性：普通　耐暑性：強い
難易度：★★☆☆☆

青緑色の葉に赤のトゲのコントラストが美しい。強健種だが、0℃以下になるときは室内で管理する。2～3年に1回は植え替えを。

'ブルーフレーム'
Agave 'Blue Flame'

夏型

耐寒性：普通　耐暑性：普通
難易度：★★☆☆☆

やわらかい幅広の葉に縞状の白斑がうっすら入る。強健だが、葉焼けを起こしやすいので、真夏は遮光下に置き、冬は室内で管理する。

エボリスピナ
Agave utahensis ssp. eborispina

春秋型

耐寒性：強い　耐暑性：普通
難易度：★★★★☆

高山性の人気種。生育は非常に遅く、標準株になるまでに10年以上要する。耐寒性が強い。夏は涼しく管理する。

アガベ属の栽培カレンダー

管理・作業	1月	2月	3月	4月	5月	6月	7月	8月	9月	10月	11月	12月
生育状況	休眠期			生育緩慢		生育期				生育緩慢	休眠期	
置き場	日当たりのよい屋内			日当たりのよい屋内か風通しのよい日向	風通しのよい日向（種類によっては梅雨明け～9月中旬は明るい半日陰）						日当たりのよい屋内	
水やり	断水			徐々に増やす（1か月に1～2回）	表土が乾いたらたっぷり					徐々に減らす（1か月に1～2回）	断水	
肥料					緩効性化学肥料を2か月に1回または、液肥を1週間に1回							
おもな作業				植え替え、株分け、切り戻し、挿し木、葉挿し、タネまきなど								

※「エボリスピナ」（春秋型）は、ハオルチア属（⇒P72）に準ずる。

三角錐のような先のとがった葉が多く、鋭くシャープな印象のものが集まる仲間です。

本書では、アロエ属、ガステリア属、サンセベリア属、ハオルチア属などをこの仲間に入れています。

以前はみなユリ科の分類でしたが、現在の分類方法ではさまざまな科に変わっています。

アロエ属
Aloe

科名	ススキノキ科
原産地	アフリカ、アラビア半島、ソコトラ島、マダガスカル、マスカレン諸島

先のとがった葉をロゼット状に形成するものが多く、シャープな姿が人気です。葉の縁に突起をもつ種類もあり、トゲのような鋭い突起もあります。斑模様の入る種の中には、幼葉には模様があっても生長するにつれて消えるものもあります。丈夫な性質で、強い日差しを好みます。多くの種類は冬に断水させると越冬しやすくなります。

竜山
Aloe brevifolia

夏型

耐寒性：普通　耐暑性：強い
難易度：★★☆☆☆

淡い緑色の葉が美しいロゼットを形成。日に当たると葉先が赤く染まる。栽培は容易で強健だが、カイガラムシやコナカイガラムシに注意。

カスティロニアエ
Aloe castilloniae

夏型

耐寒性：弱い　耐暑性：強い
難易度：★★☆☆☆

葉縁に赤いトゲをつけた厚みのある葉は、葉先が反り返るようにカールしながらロゼット状に展開。日照時間により葉色に個体差がある。

グラウカ
Aloe glauca

夏型

耐寒性：普通　耐暑性：強い
難易度：★★☆☆☆

葉だけで長さ40cmにもなる大型種。葉には抗菌作用などの有効成分を含むが、用途を誤ると毒になるので注意。管理が楽で育てやすい。

コングドニー
Aloe congdonii

夏型

耐寒性：普通　耐暑性：強い
難易度：★★☆☆☆

緑の葉に白い斑点が入り、日に当たると葉の赤みが増す。花はサーモンピンク。強健で育てやすいが寒さにはやや弱い。

パベルカエ
Aloe pavelkae

夏型

耐寒性：弱い　耐暑性：強い
難易度：★★★★☆

鋭角な三角で肉厚の葉が対に展開し、株が成熟すると旋回する。日に当たると葉縁が赤くなる。花色は黄やオレンジ。低温は避ける。

アロエやハオルチアの仲間　アロエ属

バオンベ
Aloe vaombe

夏型

耐寒性：普通　耐暑性：強い
難易度：★★☆☆☆

細めの葉を放射状に展開させる大型種。冬は濃緑色の葉が深紅に紅葉する。強健で育てやすく耐寒性もある。

フミリス
Aloe humilis

夏型

耐寒性：普通　耐暑性：強い
難易度：★★☆☆☆

「帝王錦」の名でも流通しており、細めの葉に白い小さな突起がつく。子株がよく育ち群生する。休眠中の冬も葉水を与えて管理する。

イサロエンシス
Aloe isaloensis

夏型

耐寒性：弱い　耐暑性：強い
難易度：★★★☆☆

細めの葉はグレーがかった淡い緑で、気温が下がってくると紅葉する。基部からよく分岐して灌木状になる。

カピタータ・クアルツィティコラ
Aloe capitata v. *quartziticola*

夏型

耐寒性：普通
耐暑性：強い
難易度：★★★☆☆

葉裏に斑点が入った肉厚の細い葉を対に展開させる。強い光を好むが夏は少し遮光して管理を。冬は室内の日当たりのよい場所に置く。

アロエ属の栽培カレンダー

管理・作業	1月	2月	3月	4月	5月	6月	7月	8月	9月	10月	11月	12月
生育状況	休眠期			生育緩慢	生育期					生育緩慢	休眠期	
置き場	日当たりのよい屋内			日当たりのよい屋内か風通しのよい日向	風通しのよい日向（種類によっては梅雨明け〜9月中旬は明るい半日陰）						日当たりのよい屋内	
水やり	断水			徐々に増やす（1か月に1〜2回）	表土が乾いたらたっぷり					徐々に減らす（1か月に1〜2回）	断水	
肥料					緩効性化学肥料を2か月に1回または、液肥を1週間に1回							
おもな作業				植え替え、株分け、切り戻し、挿し木、葉挿し、タネまきなど								

エリナケア
Aloe erinacea

夏型

耐寒性：普通　耐暑性：強い
難易度：★★☆☆☆

かぎ爪状に湾曲したトゲがワイルドで、青緑色の葉はロゼット状に展開。アロエの中ではもっとも生育が遅い種のひとつ。人気種。

ライツィー
Aloe reitzii

夏型

耐寒性：普通　耐暑性：強い
難易度：★★☆☆☆

赤みのある小さなトゲは、緑白色の葉の表裏につく。真夏は半日陰で管理し、直射日光を避ける。強健種で初心者にも育てやすい。

ルスポリアナ
Aloe ruspoliana

夏型

耐寒性：普通　耐暑性：強い
難易度：★★☆☆☆

オリーブグリーンの葉にうっすらと縦縞の斑が入り、寒さに当てると葉に赤みが出る。強健で育てやすく初心者向け。

ボイレイ
Aloe boylei

夏型

耐寒性：普通　耐暑性：強い
難易度：★★☆☆☆

白い斑点のある緑色の葉が扇状に対になって展開する「グラスアロエ」の種類。葉は長く伸び、葉先が紅葉する。

カピタータ・シポリニコラ
Aloe capitata v. cipolinicola

夏型

耐寒性：弱い　耐暑性：強い
難易度：★★☆☆☆

暗緑色の葉に、赤い鋸歯が特徴。葉は左右対にロゼッタ状に展開する。花は黄色で花柄の先に下向きに咲く。強健だが霜には弱い。

クーペリ
Aloe cooperi

夏型

耐寒性：弱い　耐暑性：強い
難易度：★★☆☆☆

細長い葉が特徴で、基部は白い斑点で覆われていて美しい。花はオレンジ色で花弁の先に緑が残る。草アロエの入門種。

スプラフォリアータ
Aloe suprafoliata

夏型

耐寒性：普通
耐暑性：強い
難易度：★★★☆☆

葉を左右に展開する姿は、英語名の「Book Aloe」の通り本を開いた状態に見える。株が成熟すると葉は旋回する。

アロエの仲間

科　名	ススキノキ科
原産地	南アフリカ

かつてはアロエ属（⇨P64）に分類されていたものが、新しい分類方法によってアロエから独立し、属名が変わりました。ここで紹介しているのは、「ツリーアロエ」と呼ばれていた幹立ちのアロイデンドロン属と、「ファンアロエ」と呼ばれるクマラ属、ゴニアロエ属です。独立したものにはほかに、アロイアンペロス属、アリスタロエ属があります。アロエは多くが夏型ですが、クマラ属は春秋型です。いずれもアロエ同様、生育が遅いのは共通しています。

バーベラエ
Aloidendron barberae

夏型

プリカティリス
Kumara plicatilis

春秋型

耐寒性：強い　耐暑性：普通
難易度：★★★☆☆

クマラ属。葉を扇状に展開する低木アロエ。比較的低温に強い反面、夏の高温多湿は苦手。日によく当てて育てる。

千代田錦
Gonialoe variegata

夏型

耐寒性：普通　耐暑性：強い
難易度：★☆☆☆☆

ゴニアロエ属縞模様にも見える白の斑点が魅力の人気種。冬〜春にサーモンピンクの花が咲く。強健で育てやすいが、霜には当てない。

耐寒性：弱い　耐暑性：強い
難易度：★★★☆☆

アロイデンドロン属。幹立ちする大型種で、自生地では15mほどにもなる。水を好むので冬の休眠期は葉水を与えるとよい。

クマラ属の栽培カレンダー（春秋型）

管理・作業	1月	2月	3月	4月	5月	6月	7月	8月	9月	10月	11月	12月
生育状況	休眠期		生育緩慢	生育期			休眠期			生育期	生育緩慢	休眠期
置き場	日当たりのよい屋内		日当たりのよい屋内 日中は屋外へ		風通しのよい日向（種類によっては明るい半日陰）		雨の当たらない明るい半日陰			風通しのよい日向		日当たりのよい屋内
水やり	葉水を1か月に1〜2回		徐々に増やす（1か月に1〜2回）	表土が乾いたらたっぷり			葉水を1か月に1〜2回			表土が乾いたらたっぷり		葉水を1か月に1〜2回
肥料			緩効性化学肥料を2か月に1回 または、液肥を1週間に1回			徐々に減らす（1か月に1〜2回）					緩効性化学肥料を2か月に1回 または、液肥を1週間に1回	
おもな作業			植え替え、株分け、切り戻し、挿し木、葉挿し、タネまきなど								植え替え、株分け、切り戻し、挿し木、葉挿し、タネまきなど	

※「バーベラエ」「千代田錦」（夏型）は、アロエ属（➡P65）に準ずる。

ガステリア属
Gasteria

科　名	ススキノキ科
原産地	南アフリカ、ナミビア南部

アロエ属（⇨P64）に近縁の種類です。扁平状ですが非常に肉厚でややかための葉を、互生または放射状に広げて生長します。株の中央から花茎を伸ばし、春〜夏に花をつけますが、その花の形が胃袋（ガスター）に似ていることが属名の由来です。生育は緩やかで、1年を通して明るい日陰で管理するのがよいでしょう。ほとんどの種類は葉挿し（⇨P145）でもふやすことができます。

臥牛
Gasteria nitida var. *armstrongii*

夏型

耐寒性：普通　耐暑性：強い
難易度：★★☆☆☆

ざらざらした質感の葉が左右対になって展開する小型種。購入する際は葉が短く幅があるものを選ぶとよい。遮光下で管理する。

春鶯囀
Gasteria batesiana

夏型

耐寒性：普通　耐暑性：強い
難易度：★★☆☆☆

やすりに似た表皮の剣型の葉をロゼット状につける。通常は深緑だが、紅葉するとワインレッドになる。葉に水をかけないよう注意。

ピランシー錦
Gasteria pillansii hybrid, variegated

夏型

耐寒性：普通　耐暑性：強い
難易度：★★☆☆☆

黄色の斑入りで肉厚な葉が左右対称に展開する。表面は滑らか。花は春咲きでオレンジ色。遮光下で通風よく管理する。

'美鈴の富士'
Gasteria maculata 'Misuzunofuji'

夏型

耐寒性：弱い　耐暑性：強い
難易度：★★☆☆☆

緑の葉に、筆で描いたような流麗な白斑が入る。生長は遅く、半日陰の通風のよい環境を好む。越冬する際は室内に取り込んで。

ガステリアの株分け

ガステリアは生育が緩やかですが、葉をバランスよく展開させるため、1〜2年に1回植え替えて、環境をリフレッシュさせます。その際、子株がついたものは株分けができます。

❷そのまま植えつけてもよいが、根は短く切ってしまっても問題ない。数日〜1週間ほど明るい日陰に置いて、子株を切り離した切り口を乾かす。

❸それぞれの株を新しい用土に植えつける。水やりは1週間後から。ときどき鉢を回して、株全体に日が当たるように管理する。

❶鉢から抜いた株は、古い土を落として、ハサミや手で子株を切り離す。

アロエやハオルチアの仲間　ガステリア属

スタイネリー
Gasteria nitida

夏型

耐寒性：普通　耐暑性：強い
難易度：★★☆☆☆

深緑の肉厚な葉に白い星斑が入る。紅葉すると葉先から葉端、葉裏がピンク色に染まることもある。乾燥を好み、直射日光は苦手。

エクセルサ
Gasteria excelsa

夏型

耐寒性：普通　耐暑性：強い
難易度：★★☆☆☆

淡緑色の斑が縞模様に入った葉がロゼット状に展開する。花はオレンジ色のベル型で、咲くまでに3〜4年を要する。霜には弱い。

ベルコーサ
Gasteria carinata v. verrucosa

夏型

耐寒性：普通　耐暑性：強い
難易度：★★☆☆☆

細長くざらついた星斑がある葉が、左右対称に対になって展開する。耐陰性があり、日に当たると葉が赤みを帯びる。

子宝錦
こだからにしき

Gasteria cv.

夏型

耐寒性：普通　耐暑性：強い
難易度：★★☆☆☆

舌のような肉厚で平たい葉が左右対になって重なり合う。葉には淡緑色の星斑が入る。半日陰で乾燥気味に育てる。比較的丈夫。

グロメラータ
Gasteria glomerata

夏型

耐寒性：普通　耐暑性：強い
難易度：★★☆☆☆

銀緑色の葉を左右対称に展開する。花は春咲きでオレンジ色。高温多湿だと葉に黒い斑点ができるので注意。半日陰で管理する。

'グリーンアイス'
Gasteria 'Green Ice'

夏型

耐寒性：普通　耐暑性：強い
難易度：★★☆☆☆

白く縁どられた葉端に、白い斑点のある肉厚の葉がロゼット状になって展開する。低温過湿に注意する。

ガステリア属の栽培カレンダー

管理・作業	1月	2月	3月	4月	5月	6月	7月	8月	9月	10月	11月	12月
生育状況	休眠期			生育緩慢	生育期				生育緩慢		休眠期	
置き場	日当たりのよい屋内			日当たりのよい屋内か風通しのよい日向	風通しのよい日向（種類によっては梅雨明け〜9月中旬は明るい半日陰）						日当たりのよい屋内	
水やり	断水			徐々に増やす（1か月に1〜2回）	表土が乾いたらたっぷり				徐々に減らす（1か月に1〜2回）		断水	
肥料					緩効性化学肥料を2か月に1回または、液肥を1週間に1回							
おもな作業				植え替え、株分け、切り戻し、挿し木、葉挿し、タネまきなど								

サンセベリア属

Sansevieria

科　名	キジカクシ科
原産地	南アフリカ、マダガスカル、南アジア

先端がとがった細長い葉が、ロゼットまたは互生して展開します。多くの種類が地下茎やランナーを伸ばし、その先に新芽をつけます。おおむね丈夫な性質ですが、寒さには弱い種類なので、夜温が10℃を切る前に室内へ移動させます。冬は断水することで寒さに耐える株になります。開花期は夏です。斑入り種の葉挿しは、斑が消えてしまうことも多いので、株分けのほうがよいでしょう。

フンベルティアナ
Sansevieria humbertiana

夏型

耐寒性：弱い　耐暑性：強い
難易度：★★☆☆☆

左右対になって広がる鋭利な葉に、緑と淡緑色の縞模様が特徴。花は株が大きくなってから咲く。右側に伸びているのがランナー。

パテンス錦
Sansevieria patens, variegated

夏型

耐寒性：弱い　耐暑性：強い
難易度：★★☆☆☆

「パテンス」の斑入り品種。深緑の葉に黄色の斑が映えて美しい。初心者向け。葉先の枯れは健康状態でも起きるので問題ない。

'バナナ'
Sansevieria ehrenbergii 'Banana'

夏型

耐寒性：弱い　耐暑性：強い
難易度：★★★☆☆

肉厚でバナナに似た葉を、左右対に扇状に展開する大型種。丈夫だが寒さに弱いため冬は室内に。ソマリア産といわれ、エーレンベルギー種の中では葉が太い。

フランシシー
Sansevieria francisii

夏型

スフルティコーサ
Sansevieria suffruticosa

夏型

耐寒性：弱い	耐暑性：強い
難易度：★☆☆☆☆	

緑と淡緑色の縞模様の葉は肉厚で鋭利。左右対になって展開する。初心者でも失敗が少ない。左手前に伸びているのがランナー。

エーレンベルギー
Sansevieria ehrenbergii

夏型

耐寒性：弱い	耐暑性：強い
難易度：★★☆☆☆	

針様の鋭利な深緑色の葉が特徴。花を咲かせると芯が止まり、ランナーを伸ばして子株をふやす。非常に丈夫で育てやすい。

耐寒性：弱い	耐暑性：強い
難易度：★☆☆☆☆	

鋭利で肉厚な深緑色の葉が左右対称に積み重なった姿はかなりユニーク。病害虫にもかかりにくく、丈夫で育てやすい。低温には注意。

サンセベリア属の栽培カレンダー

管理・作業	1月	2月	3月	4月	5月	6月	7月	8月	9月	10月	11月	12月
生育状況	休眠期			生育緩慢		生育期				生育緩慢	休眠期	
置き場	日当たりのよい屋内			日当たりのよい屋内か風通しのよい日向	風通しのよい日向（種類によっては梅雨明け～9月中旬は明るい半日陰）						日当たりのよい屋内	
水やり	断水			徐々に増やす（1か月に1～2回）	表土が乾いたらたっぷり					徐々に減らす（1か月に1～2回）	断水	
肥料					緩効性化学肥料を2か月に1回または、液肥を1週間に1回							
おもな作業				植え替え、株分け、切り戻し、挿し木、葉挿し、タネまきなど								

ハオルチア属
Haworthia

科　名	ツルボラン科
原産地	南アフリカ、ナミビア南部

ハオルチア属は、園芸的に葉のやわらかい「軟葉系」とかための「硬葉系」に分けられていましたが、現在、硬葉系の多くは別属に独立し（⇨P75）、かつての軟葉系がハオルチア属とされています。葉の上部にある半透明の部分は「窓」と呼ばれ、さまざまな模様が鑑賞されます。開花は冬〜初夏。子株がふえ群生しやすい品種も多いので、1〜2年に1回は植え替えや株分けをするとよいでしょう。

万象
Haworthia truncata var. *maughanii*

春秋型

耐寒性：普通　耐暑性：弱い
難易度：★★★☆☆

平らな頭部の窓に白や緑の線模様が入る。葉は扇型に展開するのが一般的だが、人気種のためさまざまな交配種が誕生している。生育は遅い。

玉扇
Haworthia truncata

春秋型

耐寒性：普通　耐暑性：普通
難易度：★★★☆☆

「断ち切った」という意味の学名通り、切断されたような葉が特徴。窓の大きさや形、入る模様に個体差があり、多くの品種が存在する。

パークシアナ
Haworthia parksiana

春秋型

耐寒性：普通　耐暑性：普通
難易度：★★★☆☆

窓のないハオルチア。ロゼット直径が1〜4cmと小さい小型品種で希少。葉の表面にざらつきがある。大きな群生株は迫力がある。

'マウガノイデス'
Haworthia cv.

春秋型

耐寒性：普通　耐暑性：普通
難易度：★★★☆☆

やや赤みのある暗緑色の肉厚な葉で、頭部に白い筋状の窓がある。一年を通して明るい日陰で管理し、冬は室内に移動させる。

クロラカンサ錦
Haworthia chloracantha, variegated

春秋型

耐寒性：普通
耐暑性：弱い
難易度：★★☆☆☆

「クロラカンサ」の斑入り品種。鋸歯のある紡錘形の葉がロゼットを形成する極小型種。直射日光下だと赤みを帯びる。初心者向け。

ロックウッディー
Haworthia lockwoodii

春秋型

耐寒性：普通　耐暑性：弱い
難易度：★★★★☆

強光から身を守るため外葉を乾燥させ、株全体を薄い皮で包んでいる。生長は遅く、通常は単頭で育ち子吹きはしない。過湿に注意。

'白い悪魔'
Haworthia 'Shiroi-akuma'

（しろ あくま）

春秋型

耐寒性：普通　耐暑性：普通
難易度：★★☆☆☆

先のとがった肉厚の葉が密なロゼットを形成。極小型品種だが、白いトゲが全身を覆う姿がよく目立つ。水を好むので長期の断水は避ける。

ギガス
Haworthia gigas

春秋型

耐寒性：普通　耐暑性：弱い
難易度：★★★★☆

葉先のトゲは茶色で、内向きにロゼットを形成する。レース状の白毛が長く伸びて、株全体を繭のように覆う姿が神秘的。生育はゆっくり。

'紫金城'
Haworthia 'Shikinjou'

（しきんじょう）

春秋型

耐寒性：普通　耐暑性：弱い
難易度：★★★☆☆

葉にある水滴模様に似た艶窓が特徴。葉色は紫がかった暗緑色〜深緑色まである。生長は緩やか。この品種を親に使った交配種も多い。

'グリーンジェム'
Haworthia 'Green Jem'

春秋型

耐寒性：普通　耐暑性：普通
難易度：★★★☆☆

葉先だけ透明に抜ける白い窓が美しい。生長は遅く、水は春・秋は土が乾くつどたっぷりと、夏・冬は控えめにする。

● ハオルチア属の栽培カレンダー ●

管理・作業	1月	2月	3月	4月	5月	6月	7月	8月	9月	10月	11月	12月
生育状況	休眠期		生育緩慢	生育期			休眠期			生育期	生育緩慢	休眠期
置き場	日当たりのよい屋内		日当たりのよい屋内 日中は屋外へ	風通しのよい日向 （種類によっては明るい半日陰）			雨の当たらない明るい半日陰			風通しのよい日向		日当たりのよい屋内
水やり	葉水を1か月に1〜2回		徐々に増やす （1か月に1〜2回）	表土が乾いたらたっぷり			葉水を1か月に1〜2回			表土が乾いたらたっぷり		葉水を1か月に1〜2回
肥料				緩効性化学肥料を2か月に1回 または、液肥を1週間に1回		徐々に減らす （1か月に1〜2回）					緩効性化学肥料を2か月に1回 または、液肥を1週間に1回	
おもな作業				植え替え、株分け、切り戻し、挿し木、葉挿し、タネまきなど							植え替え、株分け、切り戻し、挿し木、葉挿し、タネまきなど	

ガラスのマリー
Haworthia 'Glass Mary'

春秋型

耐寒性：普通　耐暑性：普通
難易度：★★★☆☆

名の通りガラス様の窓が葉の表面を覆う。葉身は深緑で肉厚。高湿度で育てるとふっくらとし、葉に照りも出る。

'紋寿'
Haworthia 'Monju'

春秋型

耐寒性：普通　耐暑性：普通
難易度：★★★☆☆

はち切れんばかりのぷっくりした葉に、透明感のある窓が網目模様を描くのが特徴。強い日差しを当てないように管理する。

大紫水晶オブツーサ
Haworthia cv.

春秋型

耐寒性：普通　耐暑性：普通
難易度：★★★☆☆

「オブツーサ」系の交配種で、紫がかった葉身と葉裏にまで展開する透明感のある大きな窓が特徴。

'ブラックオブツーサ'
Haworthia cv.

春秋型

耐寒性：普通　耐暑性：普通
難易度：★★★☆☆

「オブツーサ」の品種で葉が黒みを帯びるのが特徴。葉焼けしやすいので遮光下で管理する。

コンプトニアナ
Haworthia comptoniana

春秋型

耐寒性：普通　耐暑性：弱い
難易度：★★★☆☆

つぶつぶした網目模様の肉厚な葉が特徴。葉色は緑〜暗褐色で、光が強いほど赤みが増す。栽培は容易だが直射日光は苦手。

'クレオパトラ'
Haworthia 'Cleopatra'

春秋型

耐寒性：普通　耐暑性：普通
難易度：★★★☆☆

葉の表面を覆う白い窓は粒状で個体差がある。透明感はないが雪が降り積もったようで美しい。半日陰で通風のよい環境を好む。

'指輪物語'
Haworthia cv.

春秋型

耐寒性：普通　耐暑性：普通
難易度：★★★☆☆

透明感のある窓にある白点は少し突起状になっている。葉身は紫がかった暗緑色〜深緑。光量が少なすぎると、病害虫にかかりやすくなる。

硬葉のハオルチアの仲間

科　名	ススキノキ科
原産地	南アフリカ

ここで紹介しているツリスタ属、ハオルチオプシス属、アストロロバ属は、以前はハオルチア属（⇨P72）に分類されていたもので、ハオルチアの中でも葉がかための「硬葉系」と呼ばれていた種類のものがメインです。ハオルチア属に残る「軟葉系」に比べると生育はゆっくりしたものもありますが、丈夫で管理しやすいのが特徴です。そのため、大きな失敗がなく栽培を楽しめるでしょう。子株がついて鉢がいっぱいになったものは、株分けして整理しましょう。

プミラ
Tulista pumila
春秋型

耐寒性：普通　耐暑性：普通
難易度：★★★☆☆

ツリスタ属。短めのぷっくりした葉で、ぶつぶつとした白い斑点（結節）が全体を覆う。日当たりを好み、強い日差しで葉が赤くなる。

竜鱗（りゅうりん）
Haworthiopsis tessellata
春秋型

耐寒性：普通　耐暑性：普通
難易度：★★☆☆☆

ハオルチオプシス属。三角形の葉の窓に竜のうろこのような模様が入る。地下茎が伸びた先に子株をつけ、よくふえる。

ビスコーサ
Haworthiopsis viscosa
春秋型

耐寒性：普通　耐暑性：普通
難易度：★★☆☆☆

ハオルチオプシス属。ざらついた葉が三角の星型のように積み重なる。休眠期でも葉水を与え根が乾ききらないようにするとよい。

ブルラータ
Astroloba bullulata
春秋型

耐寒性：普通　耐暑性：普通
難易度：★★★☆☆

アストロロバ属。小さな突起に覆われた葉が密に積み重なる小型種。生長が遅め。強い日差しは苦手なので夏は遮光する。

● 硬葉のハオルチアの仲間の栽培カレンダー ●

管理・作業	1月	2月	3月	4月	5月	6月	7月	8月	9月	10月	11月	12月
生育状況	休眠期		生育緩慢	生育期			休眠期			生育期	生育緩慢	休眠期
置き場	日当たりのよい屋内		日当たりのよい屋内 日中は屋外へ		風通しのよい日向（種類によっては明るい半日陰）		雨の当たらない明るい半日陰			風通しのよい日向		日当たりのよい屋内
水やり	葉水を1か月に1〜2回		徐々に増やす（1か月に1〜2回）	表土が乾いたらたっぷり			葉水を1か月に1〜2回			表土が乾いたらたっぷり		葉水を1か月に1〜2回
肥料				緩効性化学肥料を2か月に1回または、液肥を1週間に1回		徐々に減らす（1か月に1〜2回）					緩効性化学肥料を2か月に1回または、液肥を1週間に1回	
おもな作業			植え替え、株分け、切り戻し、葉挿し、タネまきなど		挿し木、葉挿し					植え替え、株分け、切り戻し、挿し木、葉挿し、タネまきなど		

メセン（女仙）とはハマミズナ科の多肉植物の総称です。

代表的なメセンは、鉱石や豆のような肉厚のコロンとした葉をしており、葉の中心にある割れ目を広げて、脱皮するように生長します。

その特異な性質や見た目から、多肉コレクターには人気のある種類です。

コノフィツム属
Conophytum

科 名	ハマミズナ科
原産地	南アフリカ、ナミビア南部

対性の葉が癒着し、中央にややへこみのあるコロンとした葉が特徴の冬型種です。休眠明けの秋に脱皮し、冬〜春までの間に生育・開花します。生育期はよく日に当て、水やりや肥料を適度に行います。夏は蒸れに注意して管理しますが、一部の小型種などは極度の乾燥には耐えられないため、休眠期でも1週間に1回程度、表土が軽く湿る程度の葉水を与えます。秋〜冬が開花期です。

マルニエリアナム
Conophytum × marnierianum

冬型

耐寒性：普通　耐暑性：普通
難易度：★★★★☆

ビロバム種とエクティプム種の交雑種で、個体差がある。透明感がある肉厚な葉が幻想的。花色には赤、橙、黄色がある。

ルックホッフィー
Conophytum luckhoffii

冬型

耐寒性：普通　耐暑性：普通
難易度：★★★☆☆

深緑の葉に赤紫色の網目模様が入る小型種。紫ピンクの花は長く咲く。秋〜春は直射日光下、夏は少し遮光して管理する。

'バリエンス'
Conophytum minutum v. nudum 'Variens'

冬型

耐寒性：普通　耐暑性：普通
難易度：★★★★☆

紫から暗緑色の葉色が特徴のコノフィツム。コノフィツムの中では難易度が低めで屋外でも育つ。ただし霜は苦手なので注意。

ミニマム'ウィッテベルゲンセ'
Conophytum minimum 'Wittebergense'

冬型

耐寒性：普通　耐暑性：普通
難易度：★★★☆☆

緑の葉に暗紫色の線模様が頭頂部を彩る。模様や色に個体差があり、白い夜咲きの花を咲かせる。真冬以外は屋外で管理する。

スタイネリー
Conophytum obcordellum "stayneri"

冬型

耐寒性：普通　耐暑性：普通
難易度：★★★☆☆

葉色は緑、頭頂部は紫色の網目模様が特徴。白色の花を秋に咲かせる。秋〜春の生長期に十分な日照を当て、通風よくするのがコツ。

メセンの仲間　コノフィツム属

ペルシダム・テリカラー
Conophytum pellucidum v. terricolor

冬型

耐寒性：普通　耐暑性：普通
難易度：★★★☆☆

南アフリカ・スプリングボックス南西部地域に由来する個体で、ペルシダムの中でも丈夫な種類。花色は白。

オブコルデルム
Conophytum obcordellum

冬型

耐寒性：普通　耐暑性：普通
難易度：★★★★☆

中央がくぼんだ銀緑色の葉に、褐色の斑点模様が特徴。秋〜冬咲きの芳香のある花は夜に開花する。

マルギナツム
Conophytum marginatum

冬型

耐寒性：普通　耐暑性：普通
難易度：★★★☆☆

鞍型のライムグリーンの葉に深緑の斑点模様が特徴。赤みを帯びたキール（竜骨弁）が愛らしい。産地によって個体差がある。

ブルネウム
Conophytum brunneum

冬型

耐寒性：普通　耐暑性：普通
難易度：★★★★☆

卵状のつるりとした葉が基部からぽこぽこと吹く。葉はよく日に当てると赤紫色に染まる。蒸れやすいので梅雨や長雨の時期は要注意。

ヘレアンサス
Conophytum herreanthus

冬型

耐寒性：普通
耐暑性：普通
難易度：★★★☆☆

三角の肉厚な葉が対になって株を形成する。葉色は青緑〜銀緑色。花色は白〜桃色。

コノフィツム属の栽培カレンダー

管理・作業	1月	2月	3月	4月	5月	6月	7月	8月	9月	10月	11月	12月
生育状況	生育期				生育緩慢		休眠期			生育緩慢	生育期	
置き場	日当たりのよい屋内				涼しく明るい半日陰					風通しのよい日向	日当たりのよい屋内	
水やり	表土が乾いたらたっぷり				徐々に減らす（1か月に1〜2回）	断水。必要に応じて葉水				徐々に増やす（1か月に1〜2回）	表土が乾いたらたっぷり	
肥料	緩効性化学肥料を2か月に1回または、液肥を1週間に1回										緩効性化学肥料を2か月に1回または、液肥を1週間に1回	
おもな作業	植え替え、株分け、切り戻し、挿し木、葉挿しなど									植え替え、株分け、切り戻し、挿し木、葉挿し、タネまきなど		

リトープス属

Lithops

科 名	ハマミズナ科
原産地	南アフリカ、ナミビア、ボツワナ

葉の中心に割れ目がある姿が特徴的な冬型種です。葉の上部の模様は、自生地の岩場や砂利に溶け込むための擬態といわれ、同じ品種でも育つ環境で葉色や模様が異なります。体内の新芽が充実すると、休眠期の前に脱皮して新葉を出します。よく群生する一部のコノフィツム（⇨76）よりは、群生までに月日がかかります。夏に葉水を与えることで、休眠明けの生育が活発になります。開花期は秋～冬です。

麗虹玉
Lithops dorotheae

冬型

耐寒性：普通　耐暑性：普通
難易度：★★★☆☆

葉は黄緑色、頭頂部にはえんじ色の模様が入っている。徒長を防ぐため、休眠期の夏も遮光した日光を当てる。通風も保つ。

福来玉
Lithops julii ssp. fulleri

冬型

耐寒性：普通　耐暑性：普通
難易度：★★☆☆☆

赤～茶色と葉色には個体差がある。春から秋にかけて脱皮をして葉がしわしわになるが、水のやりすぎに注意。

黄微紋玉
Lithops fulviceps v. fulviceps 'Aurea'

冬型

耐寒性：普通　耐暑性：普通
難易度：★★★☆☆

ほかと比べるとやや小型で、黄緑の肌に青みがかった緑の斑点模様が特徴。10～11月に白い花を咲かせる。

曲玉
Lithops pseudotruncatella

冬型

耐寒性：普通　耐暑性：普通
難易度：★★★★☆

リトープスの中では割れ目が小さく平面が丸い。褐色の肌に白い模様が愛らしい。休眠期は遮光して、生長期は直射日光を当てる。

日輪玉
Lithops aucampiae

冬型

耐寒性：普通　耐暑性：普通
難易度：★★☆☆☆

直径が7cmほどになる大型種。赤褐色の葉に黒褐色の網目模様が入るが、環境や産地により葉色に個体差がある。花は大輪の黄色。強健種。

巴里玉
Lithops hallii

冬型

耐寒性：普通　耐暑性：普通
難易度：★★☆☆☆

青灰～黄灰色の葉に、赤褐色～濃褐色の網目模様が頭頂部に入るが、色には個体差がある。花色は白。初心者でも育てやすい。

紫勲
Lithops lesliei

冬型

耐寒性：普通　耐暑性：普通
難易度：★★☆☆☆

葉は基本的に褐色だが、緑・赤みが強いものなど個体差がある。中型～大型の株で、群生しやすい。花は黄色。メセンの中でも育てやすい。

メセンの仲間　リトープス属

紅大内玉
（べにおおうちぎょく）
Lithops optica 'Rubra'

冬型

耐寒性：普通　耐暑性：弱い
難易度：★★★★☆

側面は赤紫色、頭頂部はルビーレッドと美しい
色合いで人気がある。透明窓に模様はない。
高温多湿にならないように管理する。

白薫玉
（はくくんぎょく）
Lithops karasmontana var. *opalina*

冬型

耐寒性：普通　耐暑性：弱い
難易度：★★★★☆

個体差はあるが、側面は青白色、頭頂部はピ
ンクベージュと幻想的な色合いのリトープス。
同属の中では中～大型種。湿気が天敵。

'ポレプスキースマラグド'
Lithops marmorata v. *marmorata* 'Polepsky Smaragd'

冬型

耐寒性：普通　耐暑性：普通
難易度：★★★☆☆

「Polepyの街のエメラルド」という意味の名で、
透明感のある緑色が魅力。夏も葉水で軽く水
を与える。秋～春は直射日光下でOK。

'トップレッド'
Lithops karasmontana 'Top Red'

冬型

耐寒性：普通　耐暑性：普通
難易度：★★★☆☆

青灰色の肌で頭頂に赤い網目模様を描く。花
色は白、オレンジ、黄色、ピンク。水分過多
で身割れするので注意が必要。

雀卵玉
（じゃくらんぎょく）
Lithops bromfieldii v. *mennellii*

冬型

耐寒性：普通　耐暑性：普通
難易度：★★★☆☆

色にかなりの個体差があるが、頭頂部に濃い
網目模様が入る点は共通している。水が多い
と身割れするので注意。日光と乾燥を好む。

黄花黄日輪玉
（きばなきにちりんぎょく）
Lithops aucampiae 'Jackson's Jade'

冬型

耐寒性：普通　耐暑性：普通
難易度：★★★☆☆

葉は翡翠色、頭頂部は黄色の網目模様、窓
は黄緑～オリーブグリーンとカラフル。大輪の
黄花を咲かせる。上級者向けの品種。

リトープス属の栽培カレンダー

管理・作業	1月	2月	3月	4月	5月	6月	7月	8月	9月	10月	11月	12月
生育状況	生育期				生育緩慢	休眠期			生育緩慢		生育期	
置き場	日当たりのよい屋内				涼しく明るい半日陰				風通しのよい日向		日当たりのよい屋内	
水やり	表土が乾いたらたっぷり				徐々に減らす（1か月に1～2回）	断水。必要に応じて葉水			徐々に増やす（1か月に1～2回）		表土が乾いたらたっぷり	
肥料	緩効性化学肥料を2か月に1回または、液肥を1週間に1回										緩効性化学肥料を2か月に1回または、液肥を1週間に1回	
おもな作業	植え替え、株分け、切り戻し、挿し木、葉挿しなど								植え替え、株分け、切り戻し、挿し木、葉挿し、タネまきなど			

ギバエウム属
Gibbaeum

科 名	ハマミズナ科
原産地	南アフリカ

ぷっくりとふくらんだ肉厚の葉が、球形やハート、V字のような形で対になる冬型種です。葉の表面は全体がうすいうぶ毛に覆われているため、ビロードのような手触りを感じられるのも魅力のひとつです。葉の割れ目から短い花茎を出し、春になるとピンクや白の花を咲かせます。乾燥を好むタイプで、水をやりすぎると葉が裂けてしまうことがあります。注意しましょう。

無比玉
Gibbaeum dispar

冬型

耐寒性：普通　耐暑性：普通
難易度：★★★☆☆

白みを帯びた葉が密に群生する。初冬に2cmほどのピンクの花をつける。冬は日当たりと通風をよくし、夏は遮光下で断水する。

銀光玉
Gibbaeum heathii

冬型

耐寒性：普通　耐暑性：普通
難易度：★★★★☆

ハート形の丸みを帯びたフォルムが愛らしい。根が細く腐りやすいため砂質土壌で育てる。水やりにコツがいるため中級者以上向け。

青珠子玉
Gibbaeum geminum

冬型

耐寒性：普通
耐暑性：普通
難易度：★★☆☆☆

葉は左右非対称で微毛に覆われており、茎は立木で生長とともに威厳のある姿になる。花色は紫色。栽培が容易で初心者向け。

●ギバエウム属・ケイリドプシス属の栽培カレンダー●

管理・作業	1月	2月	3月	4月	5月	6月	7月	8月	9月	10月	11月	12月
生育状況	生育期				生育緩慢	休眠期				生育緩慢	生育期	
置き場	日当たりのよい屋内				涼しく明るい半日陰					風通しのよい日向	日当たりのよい屋内	
水やり	表土が乾いたらたっぷり				徐々に減らす（1か月に1～2回）	断水。必要に応じて葉水				徐々に増やす（1か月に1～2回）	表土が乾いたらたっぷり	
肥料	緩効性化学肥料を2か月に1回または、液肥を1週間に1回										緩効性化学肥料を2か月に1回または、液肥を1週間に1回	
おもな作業	植え替え、株分け、切り戻し、挿し木、葉挿しなど									植え替え、株分け、切り戻し、挿し木、葉挿し、タネまきなど		

ケイリドプシス属
Cheiridopsis

科 名	ハマミズナ科
原産地	南アフリカ、ナミビア

ほとんどはほかのメセン類と同じように、地面を埋めるようにこんもりと群生する冬型種です。断面が三角形のように見える葉が対になり、存在感のある肉厚の葉をつけるものもあれば、小さい葉を密集させる種類もあります。黄色系の花が多いですが、まれにピンクの花も見られます。生育が旺盛なので、比較的初心者にも育てやすいメセンです。真夏も定期的に葉水を与えるとよいでしょう。

神風玉
Cheiridopsis pillansii

冬型

耐寒性：普通　耐暑性：普通
難易度：★★☆☆☆

淡緑色の肉厚な葉が愛らしい。花は直径5cmほどの大輪で冬咲き。色は淡黄、白、桃、紅色がある。夏でも少量の水が必要。

ミノール
Cheiridopsis minor

冬型

耐寒性：普通　耐暑性：普通
難易度：★★★☆☆

頭頂部に白線の入った肉厚な葉が特徴。花は大輪で黄色。砂質の土壌でよく育つ。冬は日当りよく、夏は半日陰で育てるとよい。

ペキュリアリス
Cheiridopsis peculiaris

冬型

耐寒性：普通　耐暑性：普通
難易度：★★★★☆

空を飛ぶ鳥のような姿をした葉が名の由来。花は春先で黄色。株分けかタネで増やす。多湿を極端に嫌うので梅雨や長雨の時期は注意。

デンティキュラータ
Cheiridopsis denticulata

冬型

耐寒性：普通　耐暑性：普通
難易度：★★★☆☆

葉は白粉を吹いた滑らかな肌で、葉先に細やかな突起があるのが特徴。直径8cmにもなる大輪の花も見応えがある。

バンジリー
Cheiridopsis vanzylii

冬型

耐寒性：普通
耐暑性：普通
難易度：★★★☆☆

粉の吹いた質感の葉をもち、直径5cmほどの大輪の花を咲かせる。色は黄色で春咲き。梅雨入り〜8月は断水、夏の直射日光も避ける。

ロブスタ
Cheiridopsis robusta

冬型

耐寒性：普通　耐暑性：普通
難易度：★★★☆☆

二股に分かれた灰緑色の葉に、黄、クリーム色、サーモンピンクの花が特徴。強健だが湿気に弱い。水分過多で身割れするので注意。

メセン類～その他の冬型

科 名	ハマミズナ科
原産地	南アフリカ

120以上の属をもつメセン類には、冬型種のものがたくさんあります。冬型種は肉厚の葉が対になるものが多く、葉の形状は球形や細長いものなど多様です。「花ものメセン」などといわれる美しい花をつける種類も多いので、そういった種類は花を愛でるのも楽しみのひとつといえます。咲き終わった花は病気の原因になることもあるので、つまんで取り除きます。過湿に弱いので、排水のよい用土にし、風通しよく管理するのがポイントです。

鳳玉
Pleiospilos bolusii

冬型

耐寒性：普通　耐暑性：普通
難易度：★★★☆☆

プレイオスピロス属。ざらざらとした質感の葉は緑色で、割れた石にも見える。晩夏に黄色の花を咲かせる。

チタノプシス・カルカレア
Titanopsis calcarea

冬型

耐寒性：強い　耐暑性：普通
難易度：★★☆☆☆

チタノプシス属。灰色がかった青緑色に、ぶつぶつした頭頂部をもつ。晩秋にオレンジイエローの花を咲かせる。生長しやすく頑丈。

帝玉
Pleiospilos nelii

冬型

耐寒性：普通　耐暑性：普通
難易度：★★★☆☆

プレイオスピロス属。半球に近い肉厚な葉が左右対称に展開する。基本の花色はオレンジ。定期的に植え替えをすると生育がよい。

紫帝玉
Pleiospilos nelii 'Royal Flush'

冬型

耐寒性：普通　耐暑性：普通
難易度：★★★★☆

プレイオスピロス属。「帝玉」の葉が紫色になる園芸品種。花は鮮やかなローズピンクで春咲き。単頭で育ち子吹きしにくい。

美鈴
Ruschia pulvinaris

冬型

耐寒性：普通　耐暑性：普通
難易度：★★☆☆☆

ルスキア属。枝はある程度伸びると倒れてほふくする。春咲きの紫花で、日照が多いと花つきがよくなる。最低でも3年ごとに植え替えを。

チタノプシス・プリモシー
Titanopsis primosii

冬型

耐寒性：強い　耐暑性：普通
難易度：★★☆☆☆

チタノプシス属。ベージュ色の葉は頭頂部がデコボコしている。花色は黄色。生長が早く丈夫だが、水のやり過ぎに注意。

五十鈴玉
Fenestraria rhopalophylla

冬型

耐寒性：普通　耐暑性：普通
難易度：★★☆☆☆

フェネストラリア属。円筒形の葉がマット状に群生し、冬〜春に黄色の花を咲かせる。白花種は「群玉」とも呼ばれる。乾燥を好む。

フィロボルス・プラシヌス
Phyllobolus prasinus

冬型

耐寒性：普通　耐暑性：普通
難易度：★★★☆☆

フィロボルス属。塊根性のメセン。枝分かれした灌木の株姿は盆栽のようで風情がある。秋〜春は日光によく当てて徒長を防ぐ。

フィロボルス・テヌイフロルス
Phyllobolus tenuiflorus

冬型

耐寒性：普通　耐暑性：普通
難易度：★★★☆☆

フィロボルス属。塊根性で灌木状に育つ小型種。花はクリーム色〜濃いピンク色で花弁が細く糸状。栽培は比較的容易で強健。

プサモフォラ・ナチュラルハイブリッド
Psammophora hybrid

冬型

耐寒性：普通　耐暑性：普通
難易度：★★★★☆

プサモフォラ属。レアな交配種。赤みを帯びた暗緑色の肉厚な葉が凝集したかのように群生する。通風と乾燥を好む。

ストマチウム・ラティフォリア
Stomatium latifolium

冬型

耐寒性：普通　耐暑性：普通
難易度：★★☆☆☆

ストマチウム属。青磁色の肉厚な鋸歯がついた葉が対を成して展開し、マット状に群生する。花は黄色で芳香性がある。

冬型メセン類の栽培カレンダー

管理・作業	1月	2月	3月	4月	5月	6月	7月	8月	9月	10月	11月	12月
生育状況	生育期				生育緩慢	休眠期				生育緩慢	生育期	
置き場	日当たりのよい屋内				涼しく明るい半日陰					風通しのよい日向	日当たりのよい屋内	
水やり	表土が乾いたらたっぷり				徐々に減らす（1か月に1〜2回）	断水。必要に応じて葉水				徐々に増やす（1か月に1〜2回）	表土が乾いたらたっぷり	
肥料	緩効性化学肥料を2か月に1回または、液肥を1週間に1回										緩効性化学肥料を2か月に1回または、液肥を1週間に1回	
おもな作業	植え替え、株分け、切り戻し、挿し木、葉挿しなど									植え替え、株分け、切り戻し、挿し木、葉挿し、タネまきなど		

魔玉
Lapidaria margaretae

冬型

耐寒性：普通　耐暑性：普通
難易度：★★★☆☆

ラピダリア属。岩を割ったような滑らかで青灰色の葉が特徴。直射日光を好み、生長は遅い。水やりは株の状態を見ながら行う。

モニラリア・グロボーサ
Monilaria globosa

冬型

耐寒性：普通　耐暑性：普通
難易度：★★★★☆

モニラリア属。葉は、白い粉をふいた滑らかな表面で、先端が二股になって伸びる姿がユニーク。半日陰で通風のよい環境に置く。

親指姫
Mesembryanthemum digitatum

冬型

耐寒性：普通　耐暑性：普通
難易度：★★★★★

メセンブリアンセマム属。名前通り地面から親指が突き出ているような姿。生長期を見極めて水をやるので、栽培難易度が高い。

南蛮玉
Dintheranthus pole-evansii

冬型

耐寒性：普通　耐暑性：普通
難易度：★★★★☆

ディンテランサス属。球状の黄白色の葉が特徴で、黄色い花を咲かせる。冬型だが、環境によっては夏の休眠が不要な場合もある。

綾耀玉
Dinteranthus vanzylii

冬型

耐寒性：普通　耐暑性：普通
難易度：★★★★☆

ディンテランサス属。つるりと丸い乳白色の葉で、頭頂部に小豆色の網目模様が入る。強い日差しと通風のよい場所で管理を。湿気に注意。

唐扇
Aloinopsis schooneesii

冬型

耐寒性：普通　耐暑性：普通
難易度：★★★☆☆

アロイノプシス属。塊根性で、生長すると塊根が地上部に露出する。硬い小石のような葉は密に連なり、日差しに当てると紅葉する。

快刀乱麻錦
Rhombophyllum nelii, variegated

冬型

耐寒性：普通　耐暑性：普通
難易度：★★☆☆☆

ロンボフィルム属。小型の低木性メセン。いくつも分岐した葉が弧を描く。生長は遅いが、非常に丈夫。春咲きの黄花だが咲きにくい。

'怒涛'
Faucaria 'Dotou'

冬型

耐寒性：普通　耐暑性：普通
難易度：★★☆☆☆

フォーカリア属。暗緑色の葉には鋸歯に似た突起がある。冬型だが暑さにも寒さにも強い強健種。よい発色のためには日当りよくする。

アロイノプシス・ルックホッフィー
Aloinopsis luckhoffii

冬型

耐寒性：普通　耐暑性：普通
難易度：★★★☆☆

アロイノプシス属。葉の表面にぶつぶつとした小さな突起があるのが特徴。キクに似た黄色の花を咲かせる。高温多湿が大敵。

メセン類〜その他の夏型

科　名	ハマミズナ科
原産地	南アフリカ

夏型種のメセン類は、コノフィツム属（⇨P76）やリトープス属（⇨P78）のように割れ目のある肉厚の葉ではなく、塊根性や低木状になるものがよく見られます。4〜10月の温暖な時期に活動が盛んになり、夜の気温が10℃を下回ると休眠します。夏は風通しがよい場所に置いて、遮光した光によく当てるようにしましょう。冬は室内に取り込み、水やりをやめます。冬の間は乾燥状態にすることで、冬越しに耐える強い株に育っていきます。

スファルマントイデス
Delosperma sphalmantoides

夏型

耐寒性：普通　耐暑性：普通
難易度：★★☆☆☆

デロスペルマ属。細長い葉がマット状に広がり群生する。花は紫色。高温多湿に弱く、夏は通風のよい半日陰で管理し、蒸れに注意する。

トリコディアデマ・デンサム
Trichodiadema densum

夏型

耐寒性：普通　耐暑性：強い
難易度：★★☆☆☆

トリコディアデマ属。肉厚で丸っこい葉の先に白くやわらかいトゲを備える。花はピンク。半日陰を好むが強光や暑さに強い。湿気は苦手。

雷童錦
Trichodiadema echinatum, variegated

夏型

耐寒性：強い　耐暑性：強い
難易度：★★☆☆☆

トリコディアデマ属。樹木状になる小型種で、盆栽のような風情が人気。非常に強健で、厳冬地でなければ通年屋外においても問題ない。

姫天女
Neohenricia sibbettii

夏型

耐寒性：普通　耐暑性：強い
難易度：★★☆☆☆

ネオヘンリチア属。ぶつぶつとした葉がマット状に群生する。芳香性のある花を晩春〜夏にかけてつける。強健だが湿気に弱い。

夏型メセン類の栽培カレンダー

管理・作業	1月	2月	3月	4月	5月	6月	7月	8月	9月	10月	11月	12月
生育状況	休眠期			生育緩慢		生育期				生育緩慢	休眠期	
置き場	日当たりのよい屋内			日当たりのよい屋内か風通しのよい日向		風通しのよい日向（種類によっては梅雨明け〜9月中旬は明るい半日陰）					日当たりのよい屋内	
水やり	断水			徐々に増やす（1か月に1〜2回）		表土が乾いたらたっぷり				徐々に減らす（1か月に1〜2回）	断水	
肥料					緩効性化学肥料を2か月に1回または、液肥を1週間に1回							
おもな作業				植え替え、株分け、切り戻し、挿し木、葉挿し、タネまきなど								

ユーフォルビア

世界中に分布する属で、花壇などの一般園芸で親しまれる種類も多くあります。多肉植物として扱われるのは、柱状のもの、球形のもの、タコのように枝を伸ばすもの、低木性のもの、塊根性のものの5つです。生育型は種類によって、夏型種と冬型種に分かれます。

ユーフォルビア属〜夏型
Euphorbia

科 名	トウダイグサ科
原産地	アフリカやマダガスカルを中心に世界中に分布

ユーフォルビア属の多くは、気温が高く乾燥した環境に自生している夏型種です。過湿と寒さに弱いため、冬は水やりを控えめにして根腐れしないように注意しましょう。通常は、用土の排水性を高めて、日当たりと風通しのよい環境を保っていれば、比較的育てやすい種類です。モナデニウム属として流通するものも、現在はユーフォルビア属に分類されます。

ポイソニーハイブリッド
Euphorbia poissonii hybrid

夏型

耐寒性：普通　耐暑性：強い
難易度：★★☆☆☆

銀緑色のぼこぼこした幹にしゃもじ様の葉を頭頂から伸ばす。樹液に毒があり、素手で触るとかぶれる。

ゲロルディ
Euphorbia geroldii

夏型

耐寒性：弱い　耐暑性：強い
難易度：★★☆☆☆

丸く赤い花が人気の低木状品種。つるりと照りのある葉はツバキに似て和を感じさせる。秋に花をつけ冬は落葉し、枝のみで越冬する。

グロボーサ
Euphorbia globosa

夏型

耐寒性：普通　耐暑性：普通　難易度：★★☆☆☆

グロボーサ（ラテン語で「球状の」）の名の通り、球形の茎が積み重なった独特な姿をしている。日差しは強く、風通しはよく、水と肥料は控えめに。

ユーフォルビア　ユーフォルビア属～夏型

ポイソニーハイブリッド錦（にしき）
Euphorbia poissonii hybrid, variegated

夏型

耐寒性：弱い
耐暑性：強い
難易度：★★★☆☆

「ポイソニーハイブリッド」の黄斑入り品種。葉端が赤く縁どられた色合いは美しい。真夏の直射日光は避ける。

' 蘇鉄麒麟（そてつきりん）'
Euphorbia 'Sotetsu-kirin'

夏型

耐寒性：普通
耐暑性：強い
難易度：★★★☆☆

ソテツに似た幹と葉をもつ人気の小型種。挿し木でふやせる。通風を保つようにする。寒さに弱いので冬は室内で管理を。

クランデスティナ
Euphorbia clandestina

夏型

耐寒性：普通
耐暑性：強い
難易度：★★☆☆☆

「逆鱗竜」の和名通り、鱗を逆立たせたような節だらけの幹が特徴的。日光によく当てると発色のよい株になる。

パキポディオイデス
Euphorbia pachypodioides

夏型

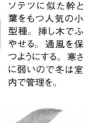

耐寒性：普通
耐暑性：強い
難易度：★★★☆☆

木質の棍棒状の幹に、粉を吹いた青磁色の美しい葉が特徴の希少な中型品種。生長すると40cmまでになる。直射日光下で育てる。

● 夏型ユーフォルビア属の栽培カレンダー ●

管理・作業	1月	2月	3月	4月	5月	6月	7月	8月	9月	10月	11月	12月
生育状況	休眠期			生育緩慢		生育期				生育緩慢	休眠期	
置き場	日当たりのよい屋内			日当たりのよい屋内か風通しのよい日向	風通しのよい日向（種類によっては梅雨明け～9月中旬は明るい半日陰）						日当たりのよい屋内	
水やり	断水			徐々に増やす（1か月に1～2回）	表土が乾いたらたっぷり					徐々に減らす（1か月に1～2回）	断水	
肥料					緩効性化学肥料を2か月に1回 または、液肥を1週間に1回							
おもな作業				植え替え、株分け、切り戻し、挿し木、葉挿し、タネまきなど								

ホリダ
Euphorbia horrida

夏型

耐寒性：普通　耐暑性：強い
難易度：★★☆☆☆

ユーフォルビアの代表ともいえる人気品種。サボテンに似た株のトゲは花柄の名残。日光不足だと株姿が崩れるので注意する。

バリダ
Euphorbia meloformis ssp.valida

夏型

耐寒性：普通　耐暑性：強い
難易度：★★★☆☆

緑と褐色の縞模様がある球状の株が特徴。頭頂付近から太い花茎を伸ばし、黄色い花をつける。日光を好むが、日陰でも育つ。

デカリー亜種スピロスティカ
Euphorbia decaryi ssp. spirosticha

夏型

耐寒性：弱い　耐暑性：普通
難易度：★★☆☆☆

美しく波打った鮮緑色の葉が特徴。夏になると葉色がブロンズ色になる。ユーフォルビアの中でも乾燥が苦手で水を多く必要とする。

フランコイシー
Euphorbia francoisii

夏型

耐寒性：普通
耐暑性：強い
難易度：★★★☆☆

赤、緑、クリーム色が入り交ざった細い葉が特徴。葉色にかなり個体差がある。遮光した日光下で通風よく管理する。強光を嫌う。

ボンゴラベンシス
Euphorbia bongolavensis

夏型

耐寒性：弱い　耐暑性：普通
難易度：★★★★☆

灌木性で、ピンク色の葉柄の先に紡錘形の鮮緑色の葉を展開する。冬になると落葉する。遮光した日光下でよく育つ。寒さに弱い。

ユーフォルビアの樹液には毒性がある

ユーフォルビアの枝をハサミやナイフで切ると、白い樹液が出てきます。この樹液にはアルカロイドという毒が多く含まれており、皮膚に触れるとかぶれたりすることがあります。触れたことに気づかずに目をこすったりしてしまうと、炎症を起こし危険です。触れてしまったらすぐに、石けんを使って洗い流しましょう。

　株分けや挿し木などの作業の際は、手袋をして樹液に触れないようにするのがポイントです。樹液のついた切り口は水で洗い流してから乾かします。使用した刃物も水で洗い流しておきましょう。

カットしたユーフォルビアの枝。切り口から白い液体があふれる。

'笹蟹麒麟'
Euphorbia 'Sasagani-kirin'

夏型

耐寒性：普通　耐暑性：強い
難易度：★☆☆☆☆

日本で古くから知られる交配種。トゲの生えた株を甲羅、頭頂の葉を脚に見立てるとひっくり返ったカニのように見える。生長は遅いが強健。

ポリゴナ
Euphorbia polygona

耐寒性：普通	耐暑性：強い
難易度：★★☆☆☆	

球状・円柱状で、稜とトゲのある緑の株が特徴。黒紫色の花を咲かせる。直射日光を好むが、株が未熟なうちは遮光して管理を。

瑠璃晃
Euphorbia susannae

耐寒性：普通	耐暑性：強い
難易度：★★☆☆☆	

とげとげしくも小ぶりな姿は、いがぐりを思わせる。通風と直射日光を好むが、いきなり長時間日光に当てると葉焼けを起こすので注意。

キリンドリフォリア
Euphorbia cylindrifolia

耐寒性：普通	耐暑性：強い
難易度：★★☆☆☆	

中央に溝が入った肉厚な葉は紫～暗緑色で個性的。株も葉も横方向にほふくするように伸びる。挿し木株は幹が太くならないので注意。

ツベルクラータ
Euphorbia tuberculata

耐寒性：普通	耐暑性：強い
難易度：★★☆☆☆	

塊根からイボのある太い枝を伸ばすタコモノ品種。「九頭竜」に似ているが、こちらのほうが大型種。日光を好むが葉焼けに注意。

オベサ
Euphorbia obesa

耐寒性：普通	耐暑性：強い
難易度：★★☆☆☆	

「オベサ」はラテン語で"肥大した"を意味する。その名の通り、球形の株はシンプルで美しい。通風のよい直射日光下で管理する。

紅彩閣
Euphorbia enopla

耐寒性：普通	耐暑性：強い
難易度：★★☆☆☆	

株全体に赤いトゲがびっしり生えサボテンのようにも見える種類。比較的生長しやすく、一年中適度に水をやる。最低4℃以上を保つ。

フェロックス
Euphorbia ferox

耐寒性：普通	耐暑性：強い
難易度：★★☆☆☆	

サボテンと見紛うほど見事なトゲは、色や太さなどに個体差がある。株は黄緑色で根元から子株を吹く。比較的育てやすい。

サボテンとユーフォルビアのトゲ

柱状のユーフォルビアの多くはトゲをもっているため、サボテンと勘違いされることがよくあります。見分けるポイントは、「刺座」の有無です。

サボテンは、トゲのつけ根に綿毛状の刺座をもちます。「アレオーレ」とも呼ばれ、トゲがほとんどないサボテンにも刺座は必ずあります。

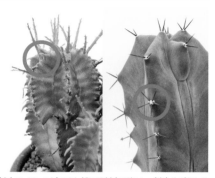

（左）ユーフォルビアのトゲには刺座がない。（右）サボテンのトゲのつけ根には、白い綿のような刺座がある。トゲは枝や葉が変化したものといわれている。

ユーフォルビア属
～春秋型・冬型
Euphorbia

科 名	トウダイグサ科
原産地	アフリカやマダガスカルを中心に世界中に分布

流通する種類は夏型ほど多くありませんが、塊根系ユーフォルビアの中には春秋型や冬型もあります。休眠期でも2週間に1回程度、土の表面が軽く湿るくらいの水やりをしておくと、休眠明けもスムーズに活動を開始します。新しい葉が展開し始めたら、通常通り水やりを始めます。冬型種は夏に落葉します。

イネルミス
Euphorbia inermis

春秋型

耐寒性：普通　耐暑性：普通
難易度：★☆☆☆☆

塊根から反り返って伸びた枝は首をもたげた竜のようにも見える。タコモノ種の中でも丈夫で育てやすい。水やりは控えめに。

奇怪ケ島
（きかいがしま）
Euphorbia squarrosa

春秋型

耐寒性：普通
耐暑性：普通
難易度：★★★☆☆

太い塊根に、トゲのある枝がねじれながら伸びる姿は独特で荒々しい印象。水は控えめのほうが丈の詰まったよい株になる。

鉄甲丸
（てっこうまる）
Euphorbia bupleurifolia

冬型

耐寒性：普通　耐暑性：弱い
難易度：★★★★☆

松かさに似た幹から葉を生やす姿がパイナップルのようで愛らしい。人気品種だが高温多湿に弱く、やや気難しい。上級者向け。

多頭キリン
（たとう）
Euphorbia multiceps

冬型

耐寒性：普通
耐暑性：普通
難易度：★★★★★

主幹からたくさんの太く丸い枝を伸ばす姿はクリスマスツリーに似て勇壮。管理難易度が高く、美しい姿の維持は上級者でも難しい。

ユーフォルビア ユーフォルビア属～春秋型・冬型

クリスパ
Euphorbia crispa

冬型

耐寒性：普通
耐暑性：普通
難易度：★★★★★

塊根から波打った赤紫の葉が伸びる姿は迫力満点。葉に日光を当てるとより赤みが強まる。生長は非常に遅く、高温多湿が苦手。

シレニフォリア
Euphorbia silenifolia

冬型

耐寒性：普通　耐暑性：普通
難易度：★★★★☆

塊根から細長い葉を伸ばすユニークな小型種。葉は緑色だが日光によく当てると赤く染まる。適度な日照と通風を心がける。

エクロニー
Euphorbia ecklonii

冬型

耐寒性：普通
耐暑性：普通
難易度：★★★☆☆

サトイモのような塊根からしわの入った葉を出す小型種。古株になると塊根が分頭する。生育は大変遅い。涼しい気候を好む。

●冬型ユーフォルビア属の栽培カレンダー●

管理・作業	1月	2月	3月	4月	5月	6月	7月	8月	9月	10月	11月	12月
生育状況	生育期				生育緩慢		休眠期			生育緩慢	生育期	
置き場	日当たりのよい屋内				涼しく明るい半日陰					風通しのよい日向	日当たりのよい屋内	
水やり	表土が乾いたらたっぷり				徐々に減らす(1か月に1～2回)	断水。必要に応じて葉水				徐々に増やす(1か月に1～2回)	表土が乾いたらたっぷり	
肥料	緩効性化学肥料を2か月に1回または、液肥を1週間に1回										緩効性化学肥料を2か月に1回または、液肥を1週間に1回	
おもな作業	植え替え、株分け、切り戻し、挿し木、葉挿しなど										植え替え、株分け、切り戻し、挿し木、葉挿し、タネまきなど	

※春秋型種は、春秋型コーデックス（➡P130）に準ずる。

サボテンの仲間

サボテンはサボテン科の植物の総称です。非常に多くの種類がありますが、すべての種に短枝が変化した刺座があるのが特徴です。刺座から伸びるトゲは葉や托葉が変化したものといわれ、なかにはトゲが退化して刺座だけが残る種もあります。球形、柱、うちわ形などを形づくる肉厚の部分は茎です。霜に当てない管理を基本とします。

ギムノカリキウム属
Gymnocalycium

科　名	サボテン科
原産地	アルゼンチンやボリビアなど南アメリカ東部、ブラジル

色、形状などが変化に富んでいて、昔から人気のある種類です。春～夏に花をつけ、花つきがよく、鮮やかな花色が多いのも特徴のひとつ。丈夫な性質なので育てやすいですが、冬は10℃以下にならない場所で管理しましょう。日照不足になると株が間伸びし、花つきも悪くなります。夏の直射日光は避けますが、明るい半日陰で日照を確保するのが上手に育てるポイントです。

新天地錦 （しんてんちにしき）
Gymnocalycium saglionis, variegated

夏型

耐寒性：普通　耐暑性：普通
難易度：★★★☆☆

「新天地」の斑入り品種。暗緑色の肌に黄色の斑が美しい。新しいトゲは暗褐色～黒で弧状。通風がよく、日当たりのよい場所を好む。

海王丸 （かいおうまる）
Gymnocalycium denudatum

夏型

耐寒性：普通　耐暑性：強い
難易度：★★★☆☆

球形の株に白いかぎ爪状のトゲが株に張りつくように生える。トゲの太さや色、形に個体差がある。

子吹き翠晃冠 （こふきすいこうかん）
Gymnocalycium anisitsii, monstrose

夏型

耐寒性：強い　耐暑性：強い
難易度：★★☆☆☆

「翠晃冠」の子吹き品種。球形・低球形の暗緑色の株に白い大輪の花を咲かせる。比較的栽培が容易なタイプ。

瑞昌玉 （ずいしょうぎょく）
Gymnocalycium quehlianum

夏型

耐寒性：普通　耐暑性：強い
難易度：★★☆☆☆

暗緑色～青緑色の球形の株に、下向きに湾曲したかぎ爪状のトゲが特徴。花は白く大輪。終日の直射日光は避け、湿気にも注意する。

ペンタカンサ
Gymnocalycium buenekeri

夏型

耐寒性：強い	耐暑性：強い
難易度：★★☆☆☆	

「5本のトゲ」を意味する名の通り、5本の黄色のトゲをもつ。株は艶のある深緑色。非常に栽培しやすく、生育も比較的早い。

翠晃冠錦 (すいこうかんにしき)
Gymnocalycium anisitsii, variegated

夏型

耐寒性：普通	耐暑性：普通
難易度：★★★☆☆	

「翠晃冠」の斑入り品種。暗緑色に淡黄色のグラデーションの入った肌が美しい。生長期は水やりを多めに。遮光下で長時間の日照を。

牡丹玉 (ぼたんぎょく)
Gymnocalycium stenopleurum

夏型

耐寒性：普通	耐暑性：普通
難易度：★★☆☆☆	

暗緑色に白い横縞が入った肌が特徴。球形で稜は赤紫色を帯びている。花は春〜初夏咲きでピンク色。遮光は強めに。

'麗蛇丸' (れいだまる)
Gymnocalycium anisitsii 'Reidamaru'

夏型

耐寒性：普通	耐暑性：強い
難易度：★★☆☆☆	

褐色で短球形から球形の株が特徴。生長期には深緑色になる。ピンク〜白の大輪の花を咲かせ、育ちが早い種でもある。

LB2178
Gymnocalycium mihanovichii LB2178

夏型

耐寒性：普通	耐暑性：普通
難易度：★★★☆☆	

2000年にパラグアイ北部で発見された新産地の系統。鋭角な縦稜に、くっきりとした横稜が入るのが特徴。直射日光と多湿が苦手。

● ギムノカリキウム属の栽培カレンダー ●

管理・作業	1月	2月	3月	4月	5月	6月	7月	8月	9月	10月	11月	12月
生育状況	休眠期			生育緩慢	生育期				生育緩慢		休眠期	
置き場	日当たりのよい屋内			日当たりのよい屋内か風通しのよい日向	風通しのよい日向（種類によっては梅雨明け〜9月中旬は明るい半日陰）						日当たりのよい屋内	
水やり	断水			徐々に増やす（1か月に1〜2回）	表土が乾いたらたっぷり					徐々に減らす（1か月に1〜2回）	断水	
肥料				緩効性化学肥料を2か月に1回または、液肥を1週間に1回								
おもな作業				植え替え、株分け、切り戻し、挿し木、葉挿し、タネまきなど								

マミラリア属

Mammillaria

科　名	サボテン科
原産地	メキシコ、南アメリカ北部

球形、円柱状、群生株など形態はさまざまで、サボテン科の中でも最大の属です。綿のようなものや細い直線など、白いトゲをもつものが多いのが特徴です。白トゲは強い光を当てることで美しさを保つので、真夏以外は日をよく当てましょう。多くは小〜中型に育ち、丈夫な性質です。一部、高山性の種類は高温多湿が苦手なので、夏は涼しい場所で風通しよく管理を。開花期は種類によりさまざま。

内裏玉
Mammillaria haageana

夏型

耐寒性：普通　耐暑性：強い
難易度：★★☆☆☆

放射状に白い縁トゲがびっしり生えた球状の株が特徴で、縁トゲから1本だけ黒いトゲが上向きに生える。花色は濃いピンク。

'ピコ'
Mammillaria spinosissima 'Un Pico'

夏型

耐寒性：普通　耐暑性：強い
難易度：★☆☆☆☆

瘤のある濃い青緑色の株に、4cmにまでなる長いトゲが特徴。強い株を育てるコツはしっかりと日光に当てること。初心者向け。

'オルーガ'
Mammillaria vetula 'Oruga'

夏型

耐寒性：弱い　耐暑性：強い
難易度：★★☆☆☆

白く密集した刺座が綿毛のようで愛らしい。毎日少なくとも5時間以上の直射日光を好み、高温多湿にも強いが寒さには弱い。

ブカレンシス
Mammillaria bucareliensis

夏型

耐寒性：普通　耐暑性：強い
難易度：★★☆☆☆

金平糖のような形状が特徴。直径50cmほどまで生長する。小型の状態で管理したい場合は十分な日照と通風を維持する。

白星
Mammillaria plumosa

夏型

耐寒性：普通　耐暑性：強い
難易度：★★★☆☆

雪のように白い綿毛状のトゲは触れても痛くない。きれいな丸みを維持するには日光にしっかりと当てるのがコツ。夏の蒸れに注意。

満月
Mammilloydia candida

夏型

耐寒性：弱い　耐暑性：強い
難易度：★★★☆☆

マミロイディア属。刺座まで白く真ん丸な姿は満月そのもの。生長すると下のほうから子吹きして群生する。水やりは月に2回、冬は1回。

※「満月」はマミロイディア属ですが、マミラリアに極めて近縁の一属一種のため、ここで紹介しています。

サボテンの仲間　マミラリア属

ボカサナ 'フレッド'
Mammillaria bocasana 'Fred'

夏型

耐寒性：普通　耐暑性：強い
難易度：★★★☆☆

マミラリア・ボカサナの突然変異種。緑のゴムのような姿は原種とは似ても似つかない。日焼けを防ぐため夏は適度な遮光を。

ピコモンスト
Mammillaria spinosissima 'Un Pico' , monstrose

夏型

耐寒性：普通　耐暑性：強い
難易度：★★☆☆☆

「ピコ」の石化品種。トゲをまばらに生やし、青緑色の株は個体差があり、不規則に生長する様は岩を思わせる。育てやすい。

黄金司
おうごんつかさ
Mammillaria elongata

夏型

耐寒性：普通　耐暑性：強い
難易度：★★☆☆☆

円筒形の株に黄色の弧を描いたトゲが特徴。子株をたくさん出して群生する。風と霜に注意すれば−5℃まで耐える。

ペインテリモンスト
Mammillaria crinita , monstrose

夏型

耐寒性：普通　耐暑性：弱い
難易度：★★☆☆☆

原種ペインテリの八房性（モンスト）個体。やや不気味な見た目だが、その珍奇さが魅力。トゲが退化しているため、夏は日焼けに注意。

銀霞
ぎんかすみ
Mammillaria vetula

夏型

耐寒性：普通　耐暑性：強い
難易度：★★☆☆☆

放射状の白トゲが株を覆う様はレースに包まれたよう。花をよくつけ、開花後に赤く熟す果実も株のアクセントになり美しい。

クルシゲラ
Mammillaria crucigera

夏型

耐寒性：普通　耐暑性：強い
難易度：★★☆☆☆

白い小花のようなトゲが放射状に刺座を形成し、密に株全体を覆う姿が美しい。強光と通風を好む。

マミラリア属の栽培カレンダー

管理・作業	1月	2月	3月	4月	5月	6月	7月	8月	9月	10月	11月	12月
生育状況	休眠期			生育緩慢	生育期					生育緩慢	休眠期	
置き場	日当たりのよい屋内			日当たりのよい屋内か風通しのよい日向	風通しのよい日向（種類によっては梅雨明け〜9月中旬は明るい半日陰）						日当たりのよい屋内	
水やり	断水			徐々に増やす（1か月に1〜2回）	表土が乾いたらたっぷり					徐々に減らす（1か月に1〜2回）	断水	
肥料				緩効性化学肥料を2か月に1回または、液肥を1週間に1回								
おもな作業				植え替え、株分け、切り戻し、挿し木、葉挿し、タネまきなど								

明日香姫
Mammillaria vetula 'Arizona Snowcap'

夏型

耐寒性：強い　耐暑性：強い
難易度：★☆☆☆☆

白く短いトゲを密集させて群生する。比較的水を好む。人工的に着色されて売られていることもあるが、生育に支障はない。

白花月影丸
Mammillaria crinita, cv

夏型

耐寒性：普通　耐暑性：強い
難易度：★★☆☆☆

「月影丸」の変種で白い花をつける。白い直針と赤褐色のかぎ針状のトゲに覆われる。管理しやすく初心者向け。

シュワルチー
Mammillaria schwarzii

夏型

耐寒性：普通　耐暑性：強い
難易度：★★☆☆☆

密に生えた白いトゲが毛のように体表を覆っているのが特徴。球形で花は白に近いピンク。日当たりを好む。適度な通風と水やりを。

メラレウカ
Mammillaria melaleuca

夏型

耐寒性：普通　耐暑性：強い
難易度：★★☆☆☆

白と濃褐色のトゲがゆるく弧を描いて反り返り、株を覆う。株は暗緑色、花は鮮黄色。丈夫で育てやすく初心者向け。霜には弱い。

金松玉
Mammillaria prolifera

夏型

耐寒性：普通　耐暑性：強い
難易度：★★☆☆☆

名前の通り、松の葉に似た金色のトゲをもつ。株は球形で濃緑色、ぽこぽこと積み重なって群生する。大量の日光と通風を好む。

カルメナエ
Mammillaria carmenae

夏型

耐寒性：普通　耐暑性：強い
難易度：★★☆☆☆

毛先の赤いトゲを放射状に広げる姿はイソギンチャクのよう。触っても痛くない。トゲ色は白、赤、黄色とバリエーションがある。

銀手毬
Mammillaria vetula ssp. *gracilis*

夏型

耐寒性：普通　耐暑性：強い
難易度：★☆☆☆☆

白い放射状のトゲが株を覆う姿が愛らしい小型品種。子株をたくさん吹いて群生する。非常に強健で育てやすい。

シェルドニー
Mammillaria sheldonii

夏型

耐寒性：強い　耐暑性：強い
難易度：★★★☆☆

白い放射状のトゲと暗褐色のかぎ針状のトゲをもつ。マミラリアの中では難易度が高め。湿気にかなり敏感だが霜は平気。

エルネスティ
Mammillaria backebergiana

夏型

耐寒性：普通　耐暑性：強い
難易度：★☆☆☆☆

青緑色の株に、黄白色と黄褐色のトゲをもつ。株の周囲を一周するように咲く花は王冠を思わせる。生長するにつれ傾倒するので注意。

唐金丸
Mammillaria canelensis

夏型

耐寒性：普通　耐暑性：強い
難易度：★★☆☆☆

古典的サボテンで近年はあまりつくられないためレア品種。黄色と白いトゲが青緑の株によく映える。水やりは春・秋のみでよい。

雅卵丸
Mammillaria magallanii

夏型

耐寒性：普通　耐暑性：強い
難易度：★★★☆☆

小型の卵状のサボテン。ピンクの中筋が入った白い花が咲く。常に日光に当てるが夏は直射を避ける。夏冬は水を控えめに。

狂刺琴糸丸
Mammillaria camptotricha cv.

夏型

耐寒性：普通　耐暑性：強い
難易度：★★☆☆☆

長く波打ったトゲが美しく個性的。英名は「鳥の巣」。夏の終わりから秋にかけて白い花を咲かせる。

松霞
Mammillaria prolifera

夏型

耐寒性：強い　耐暑性：強い
難易度：★☆☆☆☆

白く密に生えた毛状のトゲに、濃いピンクの実が目を引く。株は卵様にポコポコと群生する。非常に丈夫で初心者向け。

月影丸
Mammillaria crinita, cv

夏型

耐寒性：普通　耐暑性：強い
難易度：★★☆☆☆

マミラリアの人気品種。ピンク～紫の花を沢山つけ、開花は年中見られる。子株をよく吹いて群生する。育てやすく初心者向け。

ブーリー
Mammillaria boolii

夏型

耐寒性：普通　耐暑性：普通
難易度：★★★★☆

直径3～4cmの球の小型種。縁トゲは白、中トゲは褐色でかぎ状。春～夏にかけてピンクの大輪の花が咲く。真夏はなるべく涼しくして。

赤刺カルメナエ
Mammillaria carmenae cv.

夏型

耐寒性：普通　耐暑性：強い
難易度：★☆☆☆☆

「カルメナエ」の赤トゲ品種。株はトゲで密に覆われ、赤みを帯びた黄金色の株姿は見事。比較的生長が早い。

白玉兎
Mammillaria geminispina

夏型

耐寒性：普通　耐暑性：強い
難易度：★★★☆☆

直径10cmほどの株が群生する。白と黄褐色の長いトゲに覆われた姿は丸まったウサギのよう。冬の断水は急にではなく徐々に行う。

白玉兎石化
Mammillaria geminispina, monstrose

夏型

耐寒性：普通　耐暑性：強い
難易度：★★★☆☆

「白玉兎」の石化品種。個体差はあるが、個々の株がくっついたような不可思議な株姿になる。生育方法は「白玉兎」に準ずる。

リプサリス属
Rhipsalis

科 名	サボテン科
原産地	中央アメリカ、南アメリカ北部、アフリカやアジアの一部

サボテン科の中で唯一、アメリカ大陸以外にも自生する種類で、「森林性サボテン」とも呼ばれています。細い茎の先端を枝分かれさせながら生長し、自生地では着生植物として樹上や岩盤に根を張ります。長く伸びた茎が枝垂れていく姿は、見た目もほかのサボテンとは異なります。本来日陰に育つため室内管理に向いています。多くは夏型で、冬は乾燥気味に管理します。花は生育期に咲きます。

ピロカルパ
Rhipsalis pilocarpa

夏型

耐寒性：弱い　耐暑性：普通
難易度：★★☆☆☆

白いトゲに覆われた肉厚の茎が四方に分岐して生長する。半日陰の環境が最適なので室内管理向き。挿し木でよくふえる人気種。

エワルディアナ
Rhipsalis ewaldiana

夏型

耐寒性：弱い　耐暑性：普通
難易度：★★☆☆☆

黄緑の三角柱のような茎が分岐しながら垂れ下がる。春と秋に乳白色の花をつける。屋外でも育つが、強光に当てないように注意。

カピリフォルミス
Rhipsalis capilliformis

夏型

耐寒性：弱い　耐暑性：普通
難易度：★★☆☆☆

微毛状のトゲをもつ枝が四方に分岐し、垂れ下がって伸びる。花は小さい白。ハンギング用として流通している。園芸名「松風」。

ホリダ
Rhipsalis horrida

夏型

耐寒性：弱い　耐暑性：普通
難易度：★★☆☆☆

銀白色のトゲが生えた棒状の茎が特徴。花はピンクがかったクリーム色で、透明感のある球状の実をつける。室内で管理する。

プリズマティカ
Rhipsalis prismatica

夏型

耐寒性：弱い　耐暑性：普通
難易度：★★☆☆☆

茎は断面に4つの陵をもつ角ばった棒状で、新芽は軟毛のような細く短いトゲに覆われている。「須磨柳」など複数の園芸名がある。

ヘテロクラダ
Rhipsalis heteroclada

夏型

耐寒性：弱い　耐暑性：普通
難易度：★★☆☆☆

細長い茎が四方に分岐しながら垂れ下がる。花は黄白色で実は白の球状。乾燥に弱いので休眠期は葉水を。園芸名は「未央の柳」。

‘シーウィード’
Rhipsalis 'Seaweed'

夏型

耐寒性：弱い　耐暑性：普通
難易度：★★☆☆☆

海藻のようにも見える茎が枝分かれしながら垂れ下がる。室内栽培に最適なタイプで、屋外の場合は遮光下で管理を。

サボテンの仲間 リプサリス属

クルシフォルミス
Rhipsalis crusiformis

夏型

耐寒性：弱い　耐暑性：普通
難易度：★★☆☆☆

鋸歯に羽毛状の白いトゲをつけた茎が垂れ下がりながら伸びる。レピシウム属として流通していることもある。

クリスパタ
Rhipsalis crispata

夏型

耐寒性：弱い　耐暑性：普通
難易度：★★☆☆☆

葉っぱのように見える鋸歯状の茎をつなげて伸ばす。乳白色の星のような花は茎の縁につく。室内栽培向けでハンギングに最適。

セレウスクラ
Rhipsalis cereuscula

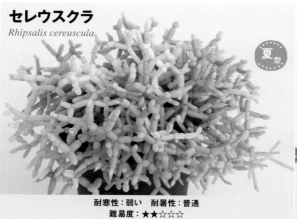

夏型

耐寒性：弱い　耐暑性：普通
難易度：★★☆☆☆

細長い茎がYの字状に分岐しながら群生する。挿し木でよくふえる。室内栽培の場合はエアコンの風を当てないよう注意を。園芸名「青柳」。

メセンブリアンテモイデス
Rhipsalis mesembryanthemoides

夏型

耐寒性：弱い　耐暑性：普通
難易度：★★☆☆☆

伸びた茎に1~2cmほどの緑の葉がびっしりつき、生長すると茎は木化する。細かいトゲが生えている。花は白で五弁花。水と日陰を好む。

リプサリス属の栽培カレンダー

管理・作業	1月	2月	3月	4月	5月	6月	7月	8月	9月	10月	11月	12月
生育状況	休眠期			生育緩慢	生育期				生育緩慢		休眠期	
置き場	日当たりのよい屋内			日当たりのよい屋内か風通しのよい日向	風通しのよい日向（種類によっては梅雨明け～9月中旬は明るい半日陰）						日当たりのよい屋内	
水やり	断水			徐々に増やす（1か月に1~2回）	表土が乾いたらたっぷり				徐々に減らす（1か月に1~2回）		断水	
肥料					緩効性化学肥料を2か月に1回または、液肥を1週間に1回							
おもな作業				植え替え、株分け、切り戻し、挿し木、葉挿し、タネまきなど								

アストロフィツム属
Astrophytum

科　名	サボテン科
原産地	メキシコ東部、北アメリカ南部

小さな白い綿毛が星のように散っていることから、「有星類」とも呼ばれている種類です。トゲのない「兜丸」、星形の「鸞鳳玉」、密な白斑と湾曲したトゲをもつ「瑞鳳玉」、トゲをもつ大型種の「般若」が代表的な種類で、この4種からたくさんの交配園芸種が生まれています。花つきがよく丈夫な性質で、真夏以外は直射日光下でおおむねよく育ちます。晩春～初秋に花を咲かせます。

鸞鳳玉
Astrophytum myriostigma

夏型

耐寒性：普通　耐暑性：強い
難易度：★★☆☆☆

五角形の株に、密な白い唐草模様が特徴。球状ののち柱状になる。夏に黄色の花を咲かせる。日光を好むが直射は葉焼けを起こす。

瑠璃兜丸
Astrophytum asterias f.nudum

夏型

耐寒性：普通　耐暑性：強い
難易度：★★★★☆

滑らかな深緑の肌が魅力的。触っても痛くない。日光を好むが急な環境変化に弱い。冬は5℃以上を保つようにする。

スーパー兜丸
Astrophytum asterias 'Super'

夏型

耐寒性：普通　耐暑性：強い
難易度：★★★★☆

「兜丸」の選抜品種。肌全体の白点は大きめ。夏に黄色の花を咲かせる。生育期の長期の水切れは避ける。

碧瑠璃鸞鳳玉
Astrophytum myriostigma var. nudum

夏型

耐寒性：普通　耐暑性：強い
難易度：★★☆☆☆

「鸞鳳玉」の変種で白斑がない。鮮やかな緑の滑らかな肌が美しい。水分が多すぎると身割れするので注意する。

●アストロフィツム属・エキノケレウス属の栽培カレンダー●

管理・作業	1月	2月	3月	4月	5月	6月	7月	8月	9月	10月	11月	12月
生育状況	休眠期			生育緩慢	生育期					生育緩慢	休眠期	
置き場	日当たりのよい屋内			日当たりのよい屋内か風通しのよい日向	風通しのよい日向（種類によっては梅雨明け～9月中旬は明るい半日陰）						日当たりのよい屋内	
水やり	断水			徐々に増やす（1か月に1～2回）	表土が乾いたらたっぷり					徐々に減らす（1か月に1～2回）	断水	
肥料					緩効性化学肥料を2か月に1回または、液肥を1週間に1回							
おもな作業				植え替え、株分け、切り戻し、挿し木、葉挿し、タネまきなど								

※「レイケンバッキー アルビスピヌス」（春秋型）は、春秋型コーデックス（➡P130）に準ずる。

エキノケレウス属

Echinocereus

科　名	サボテン科
原産地	メキシコ、北アメリカ南部

「エビサボテン」とも呼ばれる種類で、円筒形や球形などの形状があります。小型タイプのサボテンですが、色彩が豊富な花はサイズが大きめで花もちのよいのが特徴で、花を観賞する花サボテンとしても楽しまれています。丈夫で寒さに強く、断水すれば冬越しはそれほど難しくはありません。秋～冬にしっかり日に当てることで株が充実して生長が促され、春の花つきがよくなります。

モリカリー

Echinocereus viereckii spp. *morricalii*

（夏型）

耐寒性：強い　耐暑性：普通
難易度：★★☆☆☆

トゲが少ない円筒形で、ピンクの大輪花をつける。冬の休眠中に株がしわしわになるが、水をやると元に戻る。初心者向け。

明石丸

Echinocereus pulchellus

（夏型）

耐寒性：普通　耐暑性：普通
難易度：★★★☆☆

球形で針が短く根が太い。濃いピンク色の大輪の花は春咲き。日当たりがよく通風のよい場所を好む。

レイケンバッキー アルビスピヌス

Echinocereus reichenbachii var. *albispinus*

（春秋型）

耐寒性：強い　耐暑性：弱い
難易度：★★★★☆

「麗光丸」の変種。深緑の株を白いトゲと綿毛が覆う。頭頂部のトゲは褐色。霜や湿気に強いが、暑さに弱い。

レイケンバッキー

Echinocereus reichenbachii

（夏型）

耐寒性：普通　耐暑性：弱い
難易度：★★★★☆

鮮やかなピンクの花が美しいと人気の品種。十分な休眠で着花がよくなる。耐寒性はあるが、冬は温室か室内で日光に当てるとよい。

'桃太郎'

Echinocereus 'Momotarou'

（夏型）

耐寒性：普通　耐暑性：強い
難易度：★★☆☆☆

同じ属の「美花角」の交配種。トゲはなく、子株がよく出る。5～6月ごろにピンク～赤の大輪の花をつける。

紫太陽

Echinocereus rigidissimus ssp. *rubispinus*

（夏型）

耐寒性：普通　耐暑性：弱い
難易度：★★★★☆

「太陽」の変種。トゲの白から紫ピンクへのグラデーションが美しい。冬の断水と十分な日照が鮮やかな発色を促す。

sp.

Echinocereus sp.

（夏型）

耐寒性：普通　耐暑性：普通
難易度：★★★☆☆

青緑の株に薄褐色のトゲと白い羊毛が特徴。「ダシアカンサス」の名前で導入された。育てやすく初心者向け。根腐れに注意。

エキノプシス属

Echinopsis

科　名	サボテン科
原産地	アルゼンチン

生育が早く、暑さにも寒さにも強いものが多い種類です。子株がよくふえて群生し、花つきもよいので、初心者でも育てやすく楽しんで栽培できるでしょう。開花期は晩春〜秋で、大きめの花が夕方から夜に開花する一日花です。きれいな花を咲かせる園芸品種もたくさん作出されています。現状は、ロビビア属もエキノプシス属に統合されています。

短毛丸
Echinopsis eyriesii

夏型

耐寒性：普通　耐暑性：強い
難易度：★★☆☆☆

扁円状か球状で、生長すると単円柱状になる。日本では古くから栽培されてきた品種。花は夜咲きで夏に白い花を咲かせる。

サブデヌダータ
Echinopsis subdenudata

夏型

耐寒性：普通　耐暑性：強い
難易度：★★☆☆☆

球形の株はつやのない暗緑色でトゲはほとんどない。春〜夏にかけて白いラッパ状の花を咲かせる。生育期は極端な水切れを避ける。

'フォルモーサ'
Echinopsis 'Formosa'

夏型

耐寒性：普通　耐暑性：強い
難易度：★★☆☆☆

「大豪丸」の変種で子吹き型石化種。綿毛からは短いトゲが出る。群生しやすいので、蒸れないよう通風管理には注意する。

金盛丸
Echinopsis calochlora

夏型

耐寒性：普通　耐暑性：強い
難易度：★☆☆☆☆

艶のある黄緑の肌が美しい。トゲは黄色で花は白の大輪。強健で高温多湿にも強く、初心者向けのサボテン。

ファマチエンシス
Lobivia famatimensis

夏型

耐寒性：普通　耐暑性：強い
難易度：★★★★☆

ロビビア属。オリーブ色の株に白と褐色のトゲをもつ小型種。花は黄色で花弁のグラデーションが美しい。直根なので深鉢でもよい。

ティグレアナ
Lobivia tiegeliana

夏型

耐寒性：普通　耐暑性：普通
難易度：★★☆☆☆

ロビビア属。楕円形で、基部から子を出して群生する。花色は紫紅色で春咲き。日当たりを好むが、明るい半日陰の管理がよい。

レブチア属
Rebutia

科　名	サボテン科
原産地	ボリビア、アルゼンチン

小型の球形サボテンで、花を鑑賞する花サボテンとしても人気があります。球形の下のほうに花をつけ、春の開花期には次々と花を咲かせます。冬の休眠期は、日当たりのよい場所で5℃以上を保ち、月に1回程度、葉水を与えると春の花つきがよくなります。子株がたくさん出て群生し、丈夫な性質なので栽培も難しくありません。かつてのメディオロビビア属は、レブチア属に統合されています。

デンシペクチナータ
Rebutia densipectinata

夏型

耐寒性：強い　耐暑性：普通
難易度：★★★★☆

紫と緑に彩られた姿 が美しい。株表面に無数の小さい瘤があり、赤い大輪の花を咲かせる。

瑠璃蝶
Rebutia deminuta

夏型

耐寒性：普通　耐暑性：普通
難易度：★★☆☆☆

球形の株で子をたくさん吹いて群生する。個体変異が多い。濃いオレンジ赤〜赤色の大輪の花を咲かせる。遮光下で長時間の日照を。

ムスクラ
Rebutia fiebrigii

夏型

耐寒性：普通　耐暑性：普通
難易度：★★★☆☆

円筒形で柔らかな白トゲが毛状に密生する。花はオレンジ色で大輪。春咲き。実生だけでなく子の挿し木でも増やせる。

ピグマエア
Rebutia pygmaea

夏型

耐寒性：普通　耐暑性：普通
難易度：★★★☆☆

旧メディオロビビア属。紫がかった暗緑色の球形の株が群生する。ピンク系の花が晩春に一気に咲く。栽培は容易で初心者向け。

●エキノプシス属・レブチア属の栽培カレンダー●

管理・作業	1月	2月	3月	4月	5月	6月	7月	8月	9月	10月	11月	12月
生育状況	休眠期			生育緩慢		生育期				生育緩慢	休眠期	
置き場	日当たりのよい屋内			日当たりのよい屋内か風通しのよい日向	風通しのよい日向（種類によっては梅雨明け〜9月中旬は明るい半日陰）						日当たりのよい屋内	
水やり	断水			徐々に増やす（1か月に1〜2回）	表土が乾いたらたっぷり					徐々に減らす（1か月に1〜2回）	断水	
肥料					緩効性化学肥料を2か月に1回または、液肥を1週間に1回							
おもな作業				植え替え、株分け、切り戻し、挿し木、葉挿し、タネまきなど								

さまざまなトゲをもつサボテン

Various spined cacti

科　名	サボテン科
原産地	北アメリカ南西部、メキシコ

強硬なトゲをもつ種類を「強刺類（きょうしるい）」と呼びます。エキノカクタス属、フェロカクタス属などが代表的で、全身をするどいトゲで覆った姿は威厳を感じさせます。強光と高温を好み湿気は苦手なので、日当たりと通風をよくしておきましょう。自生地は昼夜の温度差が広く、そういった環境も立派なトゲを維持させる要素といえます。できるだけそれに近い環境を保てればベストでしょう。

金鯱（きんしゃち）
Echinocactus grusonii

夏型

耐寒性：普通　耐暑性：強い
難易度：★☆☆☆☆

エキノカクタス属。黄金の長いトゲに覆われた姿が美しい。株は最大で1mほどになる。育てやすく、寒さにも耐えるが霜は避ける。

クンゼイ
Eriosyce kunzei

夏型

耐寒性：普通　耐暑性：強い
難易度：★☆☆☆☆

エリオシケ属。球形もしくは円筒形の株で長い黄色のトゲが上向きに湾曲する。耐寒・耐暑ともに優れ育てやすいが、湿気に弱い。

ビローサ
Eriosyce villosa

夏型

耐寒性：普通　耐暑性：強い
難易度：★☆☆☆☆

エリオシケ属。球形か円筒形の株で、暗緑色の体色に金～茶色と白っぽいトゲが上向きに生える。トゲは長く剛毛。寒さにやや弱い。

ニグリスピナ
Eriosyce crispa

夏型

耐寒性：普通　耐暑性：強い
難易度：★★☆☆☆

エリオシケ属。暗緑色の球形の株に、濃褐色の弓なりのトゲが特徴。強光を好む。日照不足で徒長するので注意。通風にも気を配る。

白翁玉（はくおうぎょく）
Eriosyce senilis

夏型

耐寒性：普通　耐暑性：強い
難易度：★★☆☆☆

エリオシケ属。名の由来はヒゲのような弾力のある白トゲに覆われた姿から。触れても痛くない。早春にピンクの花を多数咲かせる。

金冠竜（きんかんりゅう）
Ferocactus chrysacanthus

夏型

耐寒性：普通　耐暑性：強い
難易度：★★☆☆☆

フェロカクタス属。赤みを帯びた金色のトゲが弧を描く。湿気が多い環境だと刺座が汚くなるので注意する。

日の出丸（ひのでまる）
Ferocactus latispinus

夏型

耐寒性：普通　耐暑性：強い
難易度：★★★☆☆

フェロカクタス属。赤と黄色の立派なトゲが魅力的。日光を好むが高温を嫌う。湿気が多いと病害にかかりやすくなる。

短刺縮玉
Stenocactus zacatecasensis
（たんしちぢみだま）

夏型

耐寒性：弱い	耐暑性：強い
難易度：★★★☆☆	

ステノカクタス属。波打つようなしわの入った深緑の球形が特徴。日焼けしない最低限の遮光下で、なるべく長時間日に当てるとよい。

華仙玉
Matucana krahnii
（かせんぎょく）

夏型

耐寒性：弱い	耐暑性：強い
難易度：★★☆☆☆	

マツカナ属。株は暗緑色で瘤があり、トゲは薄褐色。オレンジ系の花をたくさんつける。遮光下で最低10℃以上の環境を保つとよい。

大統領
Thelocactus bicolor
（だいとうりょう）

夏型

耐寒性：強い	耐暑性：強い
難易度：★☆☆☆☆	

テロカクタス属。トゲは赤～黄土色のグラデーション。鮮やかなピンクの花が春先～秋にかけて咲く。初心者にも育てやすい。

ポルツィー
Matucana polzii

夏型

耐寒性：弱い	耐暑性：強い
難易度：★★☆☆☆	

マツカナ属。暗緑色の球形の株に褐色のトゲをもつ小型種。美しい紅の花を咲かせる。よく子吹きして群生する。

アウレイフロラ
Matucana aureiflora

夏型

耐寒性：弱い	耐暑性：強い
難易度：★★★☆☆	

マツカナ属。弧を描く褐色のトゲが、暗緑色の株を覆う。花は鮮黄色で2～3日咲き続ける。直根なので深鉢に植え、冬は室内に取り込む。

● トゲをもつサボテンの栽培カレンダー ●

管理・作業	1月	2月	3月	4月	5月	6月	7月	8月	9月	10月	11月	12月
生育状況	休眠期			生育緩慢		生育期				生育緩慢	休眠期	
置き場	日当たりのよい屋内			日当たりのよい屋内か風通しのよい日向	風通しのよい日向（種類によっては梅雨明け～9月中旬は明るい半日陰）						日当たりのよい屋内	
水やり	断水			徐々に増やす（1か月に1～2回）	表土が乾いたらたっぷり					徐々に減らす（1か月に1～2回）	断水	
肥料					緩効性化学肥料を2か月に1回または、液肥を1週間に1回							
おもな作業				植え替え、株分け、切り戻し、挿し木、葉挿し、タネまきなど								

うちわ型のサボテン
Opuntioideae

科　名	サボテン科
原産地	北アメリカ、南アメリカ

球形や円筒形、平らな茎を重ねるように生長する種類で、ウサギの耳のような姿のオプンチア属が代表種です。丈夫で管理の楽なものが多いので、初心者でも育てやすいでしょう。生育が早いので、1年に1回定期的に植え替えをすると大きく育ちます。関東より西の地域であれば屋外での冬越しも可能な種類もありますが、冬の雨には当てないように管理しましょう。

アトロビリディス
Austrocylindropuntia floccosa

夏型

耐寒性：強い　耐暑性：普通
難易度：★★☆☆☆

アウストロキリンドロプンチア属。子株をたくさん吹いて群生する。トゲは黄色で2〜3本が放射状に伸びる。非常に強健で育てやすい。

'ホワイトバニー'
Opuntia microdasys 'White Bunny'

夏型

耐寒性：普通　耐暑性：強い
難易度：★☆☆☆☆

オプンチア属。子株がウサギの耳に見えることが名の由来。トゲはよく刺さり抜けにくいため作業の際は注意が必要。

'ゴールデンバニー'
Opuntia microdasys 'Golden Bunny'

夏型

耐寒性：普通　耐暑性：強い
難易度：★☆☆☆☆

オプンチア属。ホワイトバニーの枝変わり。トゲが金色で生長が早い。春先に黄色の花を咲かせる。

墨こけし
Opuntia elata cv.

夏型

耐寒性：普通　耐暑性：強い
難易度：★☆☆☆☆

オプンチア属。鮮緑色の株に墨がにじんだような黒ずみがあるのが特徴。トゲは少なく、黄色いトゲが1、2本生える。強健種。

スブラタ
Austrocylindropuntia subulata

夏型

耐寒性：普通　耐暑性：強い
難易度：★★☆☆☆

アウストロキリンドロプンチア属。鮮やかな緑にひし形の結節（隆起）が特徴。柱から出る小さな葉のつけ根に白トゲがある。別名「将軍」。

スピノシオール
Cylindropuntia spinosior

夏型

耐寒性：強い	耐暑性：普通
難易度：★★☆☆☆	

キリンドロプンチア属。自生地では2m近く生長する。トゲは黄色でよく分岐してねじれる。蕾と果実は食用になる。非常に強健。

サブテラネア
Maihueniopsis subterranea

夏型

耐寒性：強い	耐暑性：弱い
難易度：★★★☆☆	

マイフエニオプシス属。アンデス高地原産の希少種。根が深いため深鉢がよい。花は咲きにくいが、きれいな淡ピンク〜紅色の花弁。

長刺武蔵野 (ながとげむさしの)
Tephrocactus articulatus

夏型

耐寒性：強い	耐暑性：弱い
難易度：★★☆☆☆	

テフロカクタス属。薄い半透明の紙状のトゲが特徴。痛くはないが、刺座に綿毛状のトゲもあり刺さると抜けにくい。夏は半日陰で管理。

黒竜 (こくりゅう)
Pterocactus tuberosus

夏型

耐寒性：普通	耐暑性：普通
難易度：★★★☆☆	

プテロカクタス属。名の通り黒い竜がうねっているかのような塊根サボテン。取れやすい枝は挿し木できる。多湿状態が苦手。

うちわ型サボテンの栽培カレンダー

管理・作業	1月	2月	3月	4月	5月	6月	7月	8月	9月	10月	11月	12月
生育状況	休眠期			生育緩慢	生育期				生育緩慢		休眠期	
置き場	日当たりのよい屋内			日当たりのよい屋内か風通しのよい日向	風通しのよい日向（種類によっては梅雨明け〜9月中旬は明るい半日陰）						日当たりのよい屋内	
水やり	断水			徐々に増やす（1か月に1〜2回）	表土が乾いたらたっぷり				徐々に減らす（1か月に1〜2回）		断水	
肥料					緩効性化学肥料を2か月に1回または、液肥を1週間に1回							
おもな作業				植え替え、株分け、切り戻し、挿し木、葉挿し、タネまきなど								

柱型のサボテン

Columnar cacti

科　名	サボテン科
原産地	メキシコ、北アメリカ南部、南アメリカ、西インド諸島

上に向かって細長く伸びる柱状のサボテンは、一般に「柱サボテン」と呼ばれます。柱状のサボテンを有する属は多岐に渡りますが、ラテン語でロウソクを意味する「セレウス」の名がつく属に多く見られる傾向があります。枝が分岐するものと単幹で伸びるものがあり、太さはさまざまです。多くの種類は周年、十分に日を当てると丈夫に育ちます。

近衛柱
Stetsonia coryne

耐寒性：普通　耐暑性：強い
難易度：★★★☆☆

ステトソニア属。針は黄色で長く、幹は粉を吹いたような青緑。花は薄桃色で夏咲き。人気種だがサボテンの中では難易度は高め。

グエンテリー
Espostoa guentheri

耐寒性：弱い　耐暑性：強い
難易度：★★★☆☆

エスポストア属。鮮緑色の株に黄色のトゲが鮮やか。自生地では2mほどの高さにもなる。非常に強健だが冬は室内で管理を。

金獅子（柱獅子）
Cereus variabilis, monstrose

耐寒性：普通　耐暑性：強い
難易度：★★☆☆☆

セレウス属。「柱獅子」が石化したもの。不規則なフォルムが魅力で人気がある。非常に丈夫で育てやすい。

残雪獅子
Cereus variabilis, monstrose

耐寒性：普通
耐暑性：強い
難易度：★★☆☆☆

セレウス属。石化品種。金獅子よりも塊状でトゲ色が黄色味を帯びている。株姿に個体差がある。かなり強健で育てやすい。

白雲錦
しらくもにしき
Oreocereus trollii

夏型

耐寒性：普通　耐暑性：強い
難易度：★★★☆☆

オレオセレウス属。球形から円筒形で、白い
体毛に赤みのある黄色のトゲが特徴。柱サボ
テンの中でもかなり生長が遅く、湿気に敏感。

ライオン錦
にしき
Oreocereus pseudofossulatus

夏型

耐寒性：普通　耐暑性：強い
難易度：★★★☆☆

オレオセレウス属。円柱形で赤みのあるトゲと
長い白毛が特徴。日照と通風をよくし、白毛
を汚さぬように注意する。

プルイノーサス
Stenocereus pruinosus

夏型

耐寒性：弱い　耐暑性：強い
難易度：★★☆☆☆

ステノセレウス属。鮮緑色の株に褐色の5〜8
本のトゲを放射状に広げる大型種。生長が早
いが寒さに弱いので室内管理がおすすめ。

フェアリーキャッスル
Acanthocereus tetragonus 'Fairytale tale Castle'

 夏型

耐寒性：弱い
耐暑性：強い
難易度：★☆☆☆☆

アカントセレウス属。
「妖精の城」という名
の石化サボテン。原
種は諸説あるが正確な
ものは不明。大量に
子吹きして群生する。

柱型サボテンの栽培カレンダー

管理・作業	1月	2月	3月	4月	5月	6月	7月	8月	9月	10月	11月	12月
生育状況	休眠期			生育緩慢		生育期				生育緩慢	休眠期	
置き場	日当たりのよい屋内			日当たりのよい屋内か風通しのよい日向	風通しのよい日向（種類によっては梅雨明け〜9月中旬は明るい半日陰）						日当たりのよい屋内	
水やり	断水			徐々に増やす（1か月に1〜2回）	表土が乾いたらたっぷり					徐々に減らす（1か月に1〜2回）	断水	
肥料					緩効性化学肥料を2か月に1回または、液肥を1週間に1回							
おもな作業				植え替え、株分け、切り戻し、挿し木、葉挿し、タネまきなど								

飛鳥閣
Neoraimondia herzogiana

夏型

耐寒性：普通　耐暑性：強い
難易度：★★☆☆☆

ネオライモンディア属。赤褐色のトゲに鮮緑色の株が特徴の大型種。果実は食用になる。非常に強健で育てやすい。

幻楽
Espostoa melanostele

夏型

耐寒性：普通　耐暑性：強い
難易度：★★☆☆☆

ピロソセレウス属。株全体を白い毛が覆い、白毛の中から黄色の中刺が伸びる。果実は食用にもなる。

チチペ
Polaskia chichipe

夏型

耐寒性：普通　耐暑性：強い
難易度：★★☆☆☆

ポラスキア属。白く粉の吹いた緑の株が特徴。トゲは生長とともに褐色、黒、白色へと変化する。水はけのよい土と直射日光を好む。

竜神木石化
Myrtillocactus geometrizans, crested

夏型

耐寒性：弱い
耐暑性：強い
難易度：★★★☆☆

ミルティロカクタス属。「竜神木」の石化種。噴き出した煙がそのまま硬直したような姿が個性的。栽培は容易。斑入りの系統も知られる。

武倫柱
Pachycereus pringlei

夏型

耐寒性：強い　耐暑性：普通
難易度：★★☆☆☆

パキセレウス属。環境によって直径60cm、高さ1m以上にまで生長する。刺座は大きく花は黄白色。大きく生長するが生育は遅い。

曲がった柱サボテンの仕立て直し

植物は光のあるほうに伸びる性質があるため、柱サボテンも日差しの当て方によっては、柱が傾いて生長することがあります。傾いてしまったものは、胴切りで仕立て直しましょう。トゲがあるため、作業はゴムや皮の手袋をして行います。

柱が傾いてしまうのを防ぐには、日頃から鉢を回転させて、株全体にまんべんなく光が当たるようにすることがポイントです。

❶胴体の真横からナイフを入れてカットする。下部は少なくとも3分の1程度の高さは残す。ナイフは、刃を火であぶったり、アルコール消毒したりした清潔でよく切れるものを使う。

❷カットした上部は明るい日陰に置き、切り口を乾燥させる。発根したら新しい用土に挿し木し3〜4日後から水やりを開始。残った下部は、通常通りの管理だが、水やりの際、切り口に水がかからないようにする。

フルビラナタス
Pilosocereus fulvilanatus

夏型

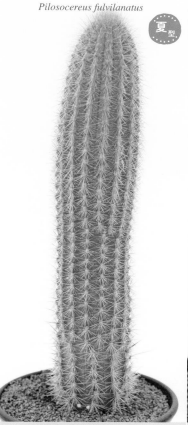

耐寒性：弱い　耐暑性：普通
難易度：★★★☆☆

ピロソセレウス属。黄色いトゲと暗褐色の綿毛が特徴の大型種。大きく育つと稜数が減り、緑灰色の肌色になる。

グラウケスケンス
Pilosocereus glaucescens

夏型

耐寒性：弱い　耐暑性：強い
難易度：★☆☆☆☆

ピロソセレウス属。青磁色の株に白い長毛が巻きつく姿が幻想的。直射日光を好む。

アズレウス
Pilosocereus pachycladus

夏型

耐寒性：弱い　耐暑性：強い
難易度：★★☆☆☆

ピロソセレウス属。青磁色の株に黄金のトゲが特徴。寒さに弱いため冬は室内管理に。水やりは冬に月1、夏は週1程度。

ヒモサボテンのこと

　柱サボテンの中には、小株のうちは直立するけれど、生長するに従い茎が枝垂れるものがあります。このような性質のサボテンは、「ヒモサボテン」と呼ばれ、クレイストカクタス属、アポロカクタス属、ヒルデウィンテラ属などが代表的です。

　細めの茎に短いトゲを全身につけ、下垂したり四方に伸びたりします。花つきがよく管理も楽です。生長した株はハンギング仕立てでインテリアとして楽しむ人も多いですが、春〜秋は軒下など屋外で管理するほうがよいでしょう。

クレイストカクタス属　黄金紐（*Cleistocactus winteri*）
夏型。金色のトゲに覆われた株がうねりながら垂れ下がる姿は猫の尻尾のよう。初心者でも育てやすい。

球形のサボテン
Globular cacti

科　名	サボテン科
原産地	チリ、アルゼンチン、ボリビア、ブラジル、北アメリカ、南アメリカ

丸い形が人気の球形のサボテンは「玉サボテン」とも呼ばれます。特定の属が決まっているわけではなく、球形のサボテンはさまざまな属で見ることができます。生長するとやや細長く伸びて樽型になるものもありますし、子株がよくついて群生するものもあります。日照不足になると間のびしやすくなります。

青王丸
Parodia ottonis

夏型

耐寒性：普通　耐暑性：強い
難易度：★★☆☆☆

パロディア属。青みがかった深緑の株に渋みがある。トゲが黄、茶、黒、白、赤とカラフルで美しい。真夏以外は直射日光を好む。

白閃小町
Parodia scopa

夏型

耐寒性：普通　耐暑性：普通
難易度：★★☆☆☆

パロディア属。白い閃光のような純白のトゲと刺座は、暗緑色の株によく映え魅力的。鉢内部が湿った状態が続かないよう注意。

ワラシー
Parodia warasii

夏型

耐寒性：普通　耐暑性：普通
難易度：★★☆☆☆

パロディア属。深緑の株に黄金のトゲ。冬～春先にかけてはカイガラムシに注意。

雪晃
Parodia haselbergii

夏型

耐寒性：弱い　耐暑性：強い
難易度：★★☆☆☆

パロディア属。密生した白いトゲは雪が降り積もったよう。朱色の花とのコントラストも美しい。生長は早い。冬は室内で越冬。

レーイ
Escobaria sneedii ssp. leai

夏型

耐寒性：強い　耐暑性：強い
難易度：★★☆☆☆

エスコバリア属。基部周辺から子株が吹き、塚を形成する。花は茶色がかったピンク色。比較的寒さには強いが蒸れに弱い。

分類の変動について

植物の分類方法はさまざまですが、本書では「分類階級」という生物学上の分類法を基にして、科名や属名ごとに仲間分けをしています。

もともと、科や属は見た目の形状や性質などを基に「似ているもの同士」として分類されていました。しかし新しい研究で遺伝子レベルの分類体系が確立され、同じ植物でも科名や属名の変更が起きています。多肉植物も科名、属名の変動がよくあるため、本書では現状とは異なる、より一般的な科名や属名で紹介している種類もあります。

ミズクエンシス
Sulcorebutia mizquensis

夏型

耐寒性：強い　耐暑性：強い
難易度：★★☆☆☆

スルコレブチア属。鮮やかなピンクの花を咲かせる。乾燥していれば耐寒性は−5℃まであるが、最低5℃程度の環境で育てるほうがよい。

テヌイッシマ
Copiapoa tenuissima

夏型

耐寒性：普通　耐暑性：普通
難易度：★★★☆☆

コピアポア属。黄色の大輪の花をつける小型種。生長は遅い。日光にしっかりと当てることで鮮やかな緑褐色を保つ。

ラウシー
Sulcorebutia rauschii

夏型

耐寒性：強い　耐暑性：普通
難易度：★★☆☆☆

スルコレブチア属。直径2～3cmの球体の小型種。子株が根元から吹き出るように群生する。トゲは小さく触っても痛くない。

竜王丸錦（りゅうおうまるにしき）
Hamatocactus setispinus, variegated

夏型

耐寒性：普通　耐暑性：強い
難易度：★★★☆☆

ハマトカクタス属。やや長めの茶色と黄白色のトゲをもち、青緑の株には黄色の斑が入る。キクに似た花弁の大輪の花を咲かせる。

球形サボテンの栽培カレンダー

管理・作業	1月	2月	3月	4月	5月	6月	7月	8月	9月	10月	11月	12月
生育状況	休眠期			生育緩慢		生育期				生育緩慢	休眠期	
置き場	日当たりのよい屋内			日当たりのよい屋内か風通しのよい日向		風通しのよい日向（種類によっては梅雨明け～9月中旬は明るい半日陰）					日当たりのよい屋内	
水やり	断水			徐々に増やす（1か月に1～2回）	表土が乾いたらたっぷり					徐々に減らす（1か月に1～2回）	断水	
肥料					緩効性化学肥料を2か月に1回または、液肥を1週間に1回							
おもな作業				植え替え、株分け、切り戻し、挿し木、葉挿し、タネまきなど								

113

コーデックスの仲間

コーデックスは「塊根植物・塊茎植物」ともいい、茎や根が大きくふくらんだ塊状になっている植物の総称です。ふくらんだ部分は「イモ」と呼ばれることもあります。

基部のふくらみや枝ぶりなどを、盆栽的に観賞する楽しみ方があります。

生長が緩やかで、水やり、置き場所のポイントを押さえれば比較的育てやすい種類です。

アデニア属
Adenia

科名	トケイソウ科
原産地	アフリカ大陸、マダガスカル、東南アジア

コーデックスの中では比較的広い範囲が自生地となっているため、塊茎や葉の形状が多様で、つる性や木立性など生長の形態もさまざまあります。多くは夏型で寒さに弱いため、冬は水やりを控えめにして室内管理にしましょう。つる性の種類はつるをどんどん伸ばすので、春に剪定しておくと夏の生育期も過密にならず株内に風を通すことができます。多くの種類は雌雄異株（⇒P156）です。

オバタ
Adenia ovata

夏型

耐寒性：弱い	耐暑性：強い
難易度：★★☆☆☆	

ovataは「卵型の」という意で、卵型の葉と塊根をもつ小型種。葉は落葉性、日光で赤くなる。生育はゆっくりなので、場所を取らない。

グラウカ
Adenia glauca

夏型

耐寒性：弱い	耐暑性：強い
難易度：★★☆☆☆	

「幻蝶カズラ」の和名は枝についた葉の形状が蝶に見えることから。濃淡二色の基部が特徴。コーデックスとしては比較的生長が早い。

ゴエツェイ
Adenia goetzeii

夏型

耐寒性：弱い	耐暑性：強い
難易度：★★☆☆☆	

ごろんとした塊根に細長い葉が特徴の小型種。受粉させると開花後に細長い実をつける。生長期の夏は水を多めにし遮光下で管理する。

ステノダクティラ
Adenia stenodactyla

夏型

耐寒性：弱い	耐暑性：強い
難易度：★★☆☆☆	

コルクに似た質感の塊根が特徴。森林性と高山性がある。葉や塊根に猛毒成分が含まれているため要注意。直射日光を好む。

ベネナータ
Adenia venenata

夏型

耐寒性：弱い	耐暑性：強い
難易度：★★☆☆☆	

モミジに似た切れ込みのある葉に、深緑の株が特徴。生長は遅めで葉は落葉性。日照条件が悪くても育つが、徒長する恐れがある。

アクレアータ
Adenia aculeata

夏型

耐寒性：弱い	耐暑性：強い
難易度：★★☆☆☆	

緑の幹に、褐色でするどいトゲを多数つける。葉は三叉に丸みを帯びてうちわのよう。水のやり過ぎによる根腐れに注意。

スピノーサ
Adenia spinosa

夏型

耐寒性：弱い	耐暑性：強い
難易度：★★☆☆☆	

ぽってりとした基部が特徴の種類。成熟するほど基部は灰色になる。枝にトゲがある雌雄異株。塊根には強光を当てないように。

スティローサ
Adenia stylosa

夏型

耐寒性：弱い	耐暑性：強い
難易度：★★☆☆☆	

うちわのような大きな葉にしわのある幹の小型種。葉の緑灰色と葉脈の赤紫のコントラストが美しい。一年を通して直射日光下で管理。

アデニア属の栽培カレンダー

管理・作業	1月	2月	3月	4月	5月	6月	7月	8月	9月	10月	11月	12月
生育状況	休眠期			生育緩慢		生育期				生育緩慢	休眠期	
置き場	日当たりのよい屋内			日当たりのよい屋内か風通しのよい日向	風通しのよい日向（種類によっては梅雨明け〜9月中旬は明るい半日陰）						日当たりのよい屋内	
水やり	断水			徐々に増やす（1か月に1〜2回）	表土が乾いたらたっぷり					徐々に減らす（1か月に1〜2回）	断水	
肥料					緩効性化学肥料を2か月に1回または、液肥を1週間に1回							
おもな作業				植え替え、株分け、切り戻し、挿し木、葉挿し、タネまきなど								

オトンナ属
Othonna

科　名	キク科
原産地	南アフリカ

明るいグリーンや淡いグリーンの葉色が多いせいか、コーデックスの中でもやわらかい雰囲気を感じさせるものが多い種類です。ほとんどは寒い時期に生育する冬型種です。関東地方より西の地域なら、霜や強い北風に当てない管理をすることで、冬でも屋外栽培が可能な種類があります。花は生育期に咲き、春になり暖かくなると黄葉し、夏は落葉して休眠期に入ります。

ブルボーサ
Othonna bulbosa

冬型

耐寒性：普通　耐暑性：普通
難易度：★★★☆☆

微毛の生えた大きな葉が平面状に展開する中型種。塊茎はしわしわで濃褐色。寒さには比較的強いが真夏の高温多湿が苦手。

クレムノフィラ
Othonna cremnophila

冬型

耐寒性：普通　耐暑性：普通
難易度：★★☆☆☆

やや白っぽい木肌に淡緑色の縮れた肉厚な葉が特徴。茎の頭頂部は白カビのようなもので覆われている。夏になると落葉する。

チュベローサ
Othonna tuberosa

冬型

耐寒性：普通
耐暑性：普通
難易度：★★☆☆☆

むっちりとした塊根に、照りのある深緑の葉が平たくつく小型種。生育は緩やかで、長い花茎を伸ばして花を咲かせる。

ユーフォルビオイデス
Othonna euphorbioides

冬型

耐寒性：普通
耐暑性：普通
難易度：★★☆☆☆

太い幹からたくさんの枝を分岐させ、小さく細長い葉を密集させる。花が終わると柄だけが残り、乾燥してトゲのようになる。

ヘレイ×トリプリネルビア
Othonna herrei × triplinervia

冬型

耐寒性：普通　耐暑性：普通
難易度：★★☆☆☆

「ヘレイ」と「トリプリネルビア」の交配種。丸みのある葉はトリプリネルビア、少し突起のある幹はヘレイの特徴が出ている。

レチンゲリ
Othonna rechingeri

冬型

耐寒性：普通　耐暑性：普通
難易度：★★☆☆☆

細長いライムグリーンの葉を上向きにつけ、太いランナーを伸ばして子株を形成する。匍匐性なので樹高は高くならない。

ロバタ
Othonna lobata

冬型

耐寒性：普通　耐暑性：普通
難易度：★★☆☆☆

太い塊茎から細い枝をよく分岐させる中型種。塊茎の表皮は艶やかで表皮がむける。日照不足で徒長するので注意。

ヘレイ
Othonna herrei

冬型

耐寒性：普通　耐暑性：普通
難易度：★★☆☆☆

ごつごつとした不揃いのコブで形成される塊茎が特徴。茎の先端から花茎を伸ばし黄色い花をつける。

オトンナ属の栽培カレンダー

管理・作業	1月	2月	3月	4月	5月	6月	7月	8月	9月	10月	11月	12月
生育状況	生育期				生育緩慢	休眠期				生育緩慢	生育期	
置き場	日当たりのよい屋内				涼しく明るい半日陰					風通しのよい日向	日当たりのよい屋内	
水やり	表土が乾いたらたっぷり				徐々に減らす(1か月に1〜2回)	断水。必要に応じて葉水				徐々に増やす(1か月に1〜2回)	表土が乾いたらたっぷり	
肥料	緩効性化学肥料を2か月に1回または、液肥を1週間に1回										緩効性化学肥料を2か月に1回または、液肥を1週間に1回	
おもな作業	植え替え、株分け、切り戻し、挿し木、葉挿しなど									植え替え、株分け、切り戻し、挿し木、葉挿し、タネまきなど		

トリプリネルビア
Othonna triplinervia

冬型

耐寒性：普通　耐暑性：普通
難易度：★★☆☆☆

葉は表がライムグリーン、裏は紫で日を当てると赤みが増す。枝が伸びすぎる場合は剪定をしてもよい。

カカリオイデス
Othonna cacalioides

冬型

耐寒性：普通　耐暑性：普通
難易度：★★★☆☆

やや平たいジャガイモのような塊茎から卵型の葉が出てくる。同属の中ではより小型で生育が遅い人気種。花をつけた姿は愛らしい。

レトロルサ
Othonna retrorsa

冬型

耐寒性：普通
耐暑性：普通
難易度：★★☆☆☆

枯れた古葉が落ちずにそのまま残る性質で、落葉期には枯れ葉の塊のような姿になる。大きく群生すると見ごたえのある姿になる。

フルカタ
Othonna furcata

冬型

耐寒性：普通
耐暑性：普通
難易度：★★★☆☆

白肌のむっちりと太い塊茎がよく分岐し、先端に丸みのある小さな葉をたくさんつける。夏は落葉するが秋に新芽を出す。生育は遅い。

sp.スタインコフ×ユーフォルビオイデス
Othonna sp. steinkopf × *euphorbioides*

冬型

耐寒性：普通　耐暑性：普通
難易度：★★☆☆☆

「スタインコフ産ハリー近似種」と「ユーフォルビオイデス」の交配種。親よりもやや大きめの葉に切れ込みが入り、花茎の長さは中間。

セネシオ属〜冬型

Senecio

科　名	キク科
原産地	アフリカ、マダガスカル、カナリア諸島など

オトンナ属（⇨P116）と同じ科の植物で、近い種類です。生育型は種によって異なりますが、全般的に寒さには強い属といえます。とくに冬型種の場合は、関東より西の地域であれば、霜に当たらないように管理することで屋外での冬越しもできる種類があります。一方、蒸し暑さは苦手なので、夏は風通しのよい環境を保って水やりは控えめにするとよいでしょう。

ラティキペス
Senecio laticipes

冬型

耐寒性：普通　耐暑性：弱い
難易度：★★☆☆☆

ゴムのような質感にボコボコといぼのある黄緑色の茎が特徴。夏の蒸し暑さが大敵。秋〜春にかけては直射日光下、夏は半日陰に置く。

七宝樹錦（しっぽうじゅにしき）
Senecio articulatus 'Candle Light'

冬型

耐寒性：弱い　耐暑性：普通
難易度：★★★☆☆

学名の「キャンドルライト」は、太い茎の先に放射状の葉を伸ばす姿から。葉は斑入り。乾燥を好むが、乾燥しすぎると根を傷める。

万宝（まんぼう）
Senecio serpens

冬型

耐寒性：普通　耐暑性：普通
難易度：★★☆☆☆

南アフリカ原産の小型品種。10cmほどの木化した茎の先に青緑色で円筒形の葉を沢山つける。高温多湿は苦手。

丸葉抱月（まるばほうげつ）
Senecio scaposus 'Maruba'

冬型

耐寒性：強い　耐暑性：弱い
難易度：★★☆☆☆

同属「新月」の選抜品種で、セネシオの中ではやや丸みのある葉が特徴的。

冬型セネシオ属の栽培カレンダー

管理・作業	1月	2月	3月	4月	5月	6月	7月	8月	9月	10月	11月	12月
生育状況	生育期				生育緩慢		休眠期			生育緩慢	生育期	
置き場	日当たりのよい屋内				涼しく明るい半日陰					風通しのよい日向	日当たりのよい屋内	
水やり	表土が乾いたらたっぷり				徐々に減らす（1か月に1〜2回）	断水。必要に応じて葉水			徐々に増やす（1か月に1〜2回）		表土が乾いたらたっぷり	
肥料	緩効性化学肥料を2か月に1回または、液肥を1週間に1回										緩効性化学肥料を2か月に1回または、液肥を1週間に1回	
おもな作業	植え替え、株分け、切り戻し、挿し木、葉挿しなど									植え替え、株分け、切り戻し、挿し木、葉挿し、タネまきなど		

セネシオ属〜夏型・春秋型
Senecio

科 名	キク科
原産地	南アフリカ、マダガスカル、カナリア諸島

セネシオ属はコーデックスとは異なるものも多いのですが、オトンナ属（⇨P116）と近種のため、本書ではコーデックスの仲間のコーナーで紹介しています。オトンナ同様に淡い葉色のものが多く、やわらかい雰囲気があります。夏型種でも夏の直射日光は避け、明るい半日陰に置いて管理しましょう。葉が肉厚のもののほうが失敗が少なく、育てやすい傾向にあります。

ロンギフローラ
Senecio longiflora

夏型

耐寒性：普通　耐暑性：弱い
難易度：★★★☆☆

細かな白斑が縞模様のように入る茎に、極小の葉をつける。生長すると白斑は薄れてくる。

sp.モンタグ
Senecio sp. Montague

アンタンドロイ
Senecio antandroi

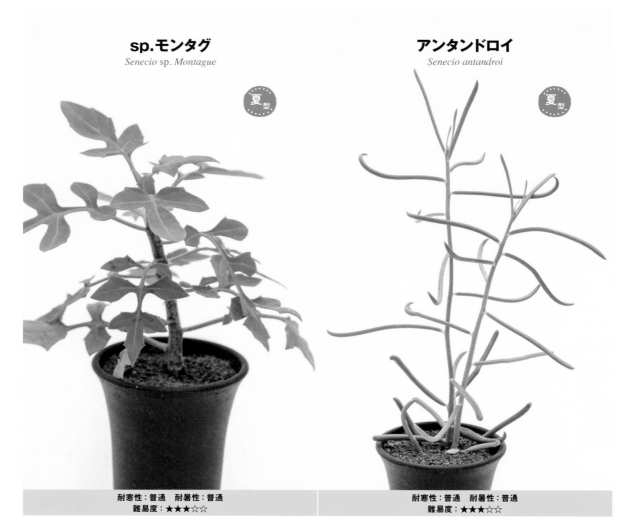

夏型

夏型

耐寒性：普通　耐暑性：普通
難易度：★★★☆☆

樹木タイプで葉は3つに大きく分かれた形をしている。夏型だが高温多湿には弱い。風通しのよい、遮光で調整した日光下で育てる。

耐寒性：普通　耐暑性：普通
難易度：★★★☆☆

細長い葉がランダムにくるりと曲がる姿はかなり個性的。高温多湿は苦手だが、極端な乾燥も嫌うデリケートな性質。

デフレルシー
Senecio deflersii

耐寒性：弱い　耐暑性：強い
難易度：★★★☆☆

葉がほとんどつかず、太い茎がキュウリのようにも見えユニーク。花茎を伸ばし花をつける。日光を好むが夏の直射日光は避ける。

'エルクホーン'
Senecio 'Elk Horns'

耐寒性：普通　耐暑性：普通
難易度：★★☆☆☆

「鹿の角（エルクホーン）」の名の通り、銀緑色の葉が角のように不規則に分岐する。水はほとんど不要で日光を好み、霜には弱い。

フィコイデス
Cenecio ficoides

耐寒性：普通　耐暑性：弱い
難易度：★★☆☆☆

直立した茎に、銀緑色の長い葉が左右対になって上向きにつく。生育期はしっかり日を当てることで葉色がきれいになる。クレオ属またはクレイニア属として流通することもある。

夏型セネシオ属の栽培カレンダー

管理・作業	1月	2月	3月	4月	5月	6月	7月	8月	9月	10月	11月	12月
生育状況	休眠期			生育緩慢		生育期				生育緩慢	休眠期	
置き場	日当たりのよい屋内			日当たりのよい屋内か風通しのよい日向	風通しのよい日向（種類によっては梅雨明け～9月中旬は明るい半日陰）						日当たりのよい屋内	
水やり	断水			徐々に増やす（1か月に1～2回）	表土が乾いたらたっぷり					徐々に減らす（1か月に1～2回）	断水	
肥料					緩効性化学肥料を2か月に1回または、液肥を1週間に1回							
おもな作業				植え替え、株分け、切り戻し、挿し木、葉挿し、タネまきなど								

※春秋型種は、春秋型コーデックス（➡P130）に準ずる。

121

チレコドン属

Tylecodon

科　名	ベンケイソウ科
原産地	南アフリカ、ナミビア

冬型コーデックスの代表的な属で、「万物想」など日本でも古くから栽培・観賞されているものもあります。基部のふくらみ方、葉の形状、大きさなど形態は多岐にわたり、ほとんどの種は夏には落葉して休眠します。休眠中に花を咲かせるものもありますが、風通しのよい明るい日陰に置いて水やりは控えます。生育期の冬は日当たりのよい場所に置いて、しっかりと日差しを当てましょう。

シンギュラリス
Tylecodon singularis

耐寒性：普通　耐暑性：弱い
難易度：★★★★☆

小さな丸い塊根茎から、微毛のある丸く肉厚な葉を出す。基本的には葉は1枚だが成熟すると複数つくこともある。水のやりすぎに注意。

ワリキー
Tylecodon wallichii

ブッコルジアヌス
Tylecodon buchholzianus

耐寒性：普通　耐暑性：普通
難易度：★★☆☆☆

最大でも高さ20〜30㎝ほどの小型種。よく枝が分岐して立ち上がるが、折れやすいので注意。夏の休眠中にピンクの花を咲かせる。

シミリス
Tylecodon similis

ベントリコーサス
Tylecodon ventricosus

耐寒性：普通　耐暑性：普通
難易度：★★★☆☆

塊茎につく突起は葉が落ちた跡で、古株ほど迫力のある姿になる。生長すると高さ50cmほどになる。休眠期は完全に断水する。

耐寒性：普通　耐暑性：普通
難易度：★★★★☆

塊根が2cm程度の極小型種。花はラッパ状で白、花弁に微毛が生える。枝は非常に折れやすい。直射日光と水はけのよい土壌を好む。

耐寒性：普通　耐暑性：普通
難易度：★★★☆☆

黄緑色の肉厚な葉が灌木状の幹の上につく。生育域が広く、産地によって株姿に差がある。

ペアルソニー（白象 <ruby>はくぞう</ruby>）
Tylecodon pearsonii

冬型

耐寒性：普通　耐暑性：普通
難易度：★★★☆☆

和名の由来はどっしりとした幹から。多肉質な葉は人の指のようでユニーク。中型種で休眠中に花を咲かせる。生長は遅い。

カカリオイデス
Tylecodon cacalioides

冬型

耐寒性：普通　耐暑性：弱い
難易度：★★☆☆☆

細長い緑白色の葉に、ゴツゴツとした太い塊茎が魅力。塊茎の突起は葉が落ちた跡。「ワリキー」に似るが花は黄色。

ステノカウリス
Tylecodon stenocaulis

冬型

耐寒性：普通　耐暑性：普通
難易度：★★★☆☆

楕円形の肉厚な葉と滑らかな白っぽい幹が特徴の小型種。株から細い花茎を伸ばし、赤紫のラッパ状の花を咲かせる。枝の徒長に注意。

ラセモーサス
Tylecodon racemosus

冬型

耐寒性：普通　耐暑性：普通
難易度：★★☆☆☆

生長とともに幹の表皮がはがれる。武骨な幹と、淡黄色のベル状の可憐な花とのギャップが魅力的。

チレコドン属の栽培カレンダー

管理・作業	1月	2月	3月	4月	5月	6月	7月	8月	9月	10月	11月	12月
生育状況	生育期				生育緩慢	休眠期			生育緩慢		生育期	
置き場	日当たりのよい屋内				涼しく明るい半日陰					風通しのよい日向	日当たりのよい屋内	
水やり	表土が乾いたらたっぷり				徐々に減らす（1か月に1〜2回）	断水。必要に応じて葉水			徐々に増やす（1か月に1〜2回）		表土が乾いたらたっぷり	
肥料	緩効性化学肥料を2か月に1回または、液肥を1週間に1回										緩効性化学肥料を2か月に1回または、液肥を1週間に1回	
おもな作業	植え替え、株分け、切り戻し、挿し木、葉挿しなど									植え替え、株分け、切り戻し、挿し木、葉挿し、タネまきなど		

ビリディフロルス
Tylecodon viridiflorus

耐寒性：普通　耐暑性：普通
難易度：★★★☆☆

ヘラ状に反り返った黄緑の葉が特徴のレアな多肉植物。灌木状に生長し、幹は緑がかった白で滑らか。黄緑色の花を短かい花茎の上に咲かせる。

ストリアツス
Tylecodon striatus

耐寒性：普通　耐暑性：普通
難易度：★★☆☆☆

葉は鮮やかな緑色、肉厚の棒状で放射状に広げるのが特徴。落葉した跡が残る。

万物想
ばんぶつそう
Tylecodon reticulatus

耐寒性：普通　耐暑性：普通
難易度：★★☆☆☆

成株は10〜60cmまでになる。産地によって個体差があるが、共通して枯れた花茎はついたまま落ちない。

コルディフォルミス
Tylecodon cordiformis

耐寒性：普通　耐暑性：普通
難易度：★★★★☆

塊根から茎を伸ばし、先端に丸みのあるヘラ型の葉をつける。葉が落葉すると葉柄の跡が残り、茎がゴツゴツとする。

スカエフェリアナス
Tylecodon schaeferianus

耐寒性：普通　耐暑性：普通
難易度：★★★☆☆

ポコポコと卵が連なったような特徴的な葉をもつ。白〜ピンクの花を咲かせる。

レウコトリクス
Tylecodon leucothrix

耐寒性：普通　耐暑性：普通
難易度：★★★☆☆

ややマイナーな小型種で灌木状に育つ。微毛に覆われた円筒状の葉が特徴。花は白色〜淡黄色・淡桃色で筒状。日光を好む。

コーデックスの仲間　チレコドン属

阿房宮
（あ ぼう きゅう）
Tylecodon paniculatus

冬型

耐寒性：普通　耐暑性：普通
難易度：★★☆☆☆

安定感のある幹が魅力。同属の中では最大種で、自生地だと2mまでになる。幼株の葉にはうぶ毛があるが、成熟するにつれ無毛に。

フラギリス
Tylecodon fragilis

冬型

耐寒性：普通　耐暑性：普通
難易度：★★★☆☆

土内の塊茎から茎を伸ばし棒状の葉をつける小型種。茎は生長すると木化し白っぽくなる。夏に落葉したら断水する。

×ブレッキアエ
Tylecodon × bleckiae

冬型

耐寒性：普通　耐暑性：普通
難易度：★★★☆☆

棒状で黄緑色の葉に、白っぽく滑らかな幹が特徴。「ブレッキアエ」と「スカエフェリアナス」の交雑といわれている。花は濃い紅色。

ピグマエウス
Tylecodon pygmaeus

冬型

耐寒性：普通　耐暑性：普通
難易度：★★★☆☆

成株でも10cmほどの小型種。微毛に覆われた肉厚の葉は日光に当たると赤く染まる。コンパクトに育てるには日光と通風を十分に。

グランディフロルス
Tylecodon grandiflorus

冬型

耐寒性：普通　耐暑性：普通
難易度：★★☆☆☆

オレンジの花を咲かせる。枯れた葉の跡が幹に残り、古株ほど個性的な姿になる。秋〜春は直射日光に当てる。

エラフィエアエ
Tylecodon ellaphieae

冬型

耐寒性：普通　耐暑性：普通
難易度：★★★★☆

4cmほどの超小型種で、新芽が出たような愛らしい姿が特徴。休眠前に葉が枯れ、白いベル状の小さな花を咲かせる。高温多湿が苦手。

パキポディウム属
Pachypodium

科　名	キョウチクトウ科
原産地	マダガスカル、南アフリカ、ナミビア

基部のふくらみ具合に個体差はありますが、その独特なフォルムで人気の高いコーデックスです。春〜夏に咲く花も観賞価値があり、ふくらんだ幹や茎にトゲをつけるものが多いのも特徴です。強い日差しを好むので、生育期の夏は屋外の直射日光下で管理しましょう。冬は落葉して休眠します。葉が黄変し始めたら室内に移動させ、冬は水やりをやめます。

'恵比寿大黒'
Pachypodium 'Ebisu Daikoku'

夏型

耐寒性：普通　耐暑性：強い
難易度：★★☆☆☆

「デンシフローラム」と「恵比寿笑い」の交配種といわれるが交配親はさまざまで、株姿の個体差が大きい。丈夫で初心者向け。

ラメレイ
Pachypodium lamerei

夏型

耐寒性：普通　耐暑性：強い
難易度：★☆☆☆☆

サボテンを思わせる長いトゲに覆われた姿が特徴の強健種。トゲは生長するにつれてなくなる。屋外で雨ざらしにしても育つほど丈夫。

グラキリウス
Pachypodium rosulatum ssp. *gracilius*

夏型

耐寒性：普通　耐暑性：強い
難易度：★★★☆☆

球形のつぼ型の銀白色の塊根が目を引く人気品種。花は鮮黄色で春先〜初夏にかけて咲く。強健で比較的寒さにも強い。

ゲアイ
Pachypodium geayi

夏型

耐寒性：普通　耐暑性：強い
難易度：★☆☆☆☆

鋭く長いトゲと、頭頂部から伸びる細長い葉が特徴の強健な大型品種。「ラメレイ」に似ているが、こちらのほうが葉色が明るく、葉脈がピンク色をしているのが特徴。

ホロンベンセ
Pachypodium horombense

夏型

耐寒性：普通　耐暑性：強い
難易度：★★☆☆☆

分岐した株のトゲは生長とともに滑らかになる。大型種で、花冠下が袋状に膨らむのが特徴。比較的丈夫な種類。

恵比寿笑い
Pachypodium brevicaule

夏型

ビスピノーサム
Pachypodium bispinosum

夏型

耐寒性：普通　耐暑性：強い
難易度：★★★★☆

むっちりとした巨大な株が特徴の
人気品種。高温多湿の日本だ
と、やや生育が難しい。根が弱
いため、接ぎ木をして育てられる
こともある。直射日光を好む。

'タッキー'
Pachypodium densiflorum 'Tucky'

夏型

サキュレンタム
Pachypodium succulentum

春秋型

耐寒性：普通　耐暑性：強い
難易度：★★★★☆

「デンシフローラム」の縮れ葉品種。幹は銀
緑色で凹凸がある。黄花で春咲き。生育が遅
いので流通は少ない。

耐寒性：普通　耐暑性：強い
難易度：★★★☆☆

滑らかな紡錘形で銀色の塊根が特徴の大型
品種。白～ピンク色の美しい花が咲く。強健
で育てやすいが、カイガラムシに注意。

耐寒性：普通　耐暑性：強い
難易度：★★★☆☆

薄茶色のつぼ型の塊根が魅力の強健種。塊
根の頭頂部からトゲのある枝を伸ばす。花は
ベル型の薄桃色。比較的寒さに強い。

パキポディウム属の栽培カレンダー

管理・作業	1月	2月	3月	4月	5月	6月	7月	8月	9月	10月	11月	12月
生育状況	休眠期			生育緩慢		生育期				生育緩慢	休眠期	
置き場	日当たりのよい屋内			日当たりのよい屋内か風通しのよい日向	風通しのよい日向（種類によっては梅雨明け～9月中旬は明るい半日陰）						日当たりのよい屋内	
水やり	断水			徐々に増やす（1か月に1～2回）	表土が乾いたらたっぷり					徐々に減らす（1か月に1～2回）	断水	
肥料				緩効性化学肥料を2か月に1回または、液肥を1週間に1回								
おもな作業				植え替え、株分け、切り戻し、挿し木、葉挿し、タネまきなど								

※「サキュレンタム」（春秋型）は、春秋型コーデックス（➡P130）に準ずる。

ペラルゴニウム属

Pelargonium

科　名	フウロソウ科
原産地	南アフリカ、ナミビア

草花や鉢花として流通が多い属ですが、幹の太くなるコーデックスの種がいくつかあります。ほとんどの葉には切れ込みがあり、小さな葉が株全体をふわふわと覆う姿や、伸びた枝の先に大きめの葉をつける姿など形態はさまざまです。夏は葉が枯れ落ちますが、秋から春に新芽を展開させます。開花期はおもに春です。生育期の冬は5℃以上を保つように管理し、しっかり日に当てましょう。

バークリイ
Pelargonium barklyi

冬型

耐寒性：普通　耐暑性：弱い
難易度：★★★☆☆

丸いハート形の葉に暗褐色の葉脈が特徴。花柄を伸ばして咲かせる五弁花が可憐と人気。夏期落葉性。明るい日陰で通風よく管理する。

オレオフィルム
Pelargonium oreophilum

耐寒性：普通　耐暑性：普通
難易度：★☆☆☆☆

ピンク色で丸弁の花を咲かせる。古い葉柄は枯れた状態で幹に残り、大株はおもしろい姿に。初心者向けで育てやすい。

ロバツム
Pelargonium lobatum

冬型

耐寒性：普通　耐暑性：普通
難易度：★★★☆☆

岩状の塊根と丸く大きめの葉が特徴の小型品種。象牙色ベースに中央が紫色の花が咲く。日当たりと風通しに気を配る。

クラシカウレ（ミラビレ）
Pelargonium crassicaule

冬型

耐寒性：普通　耐暑性：弱い
難易度：★★★☆☆

茶色の茎と微毛のついたシルバーリーフが特徴。直射日光と乾燥を好み、高温多湿は避ける。氷点下になる場合は室内に取り込む。

アルテナンス
Pelargonium alternans

冬型

耐寒性：普通　耐暑性：弱い
難易度：★★★☆☆

古木のような風格のある枝からパセリの葉のような葉を伸ばす。砂漠に自生するため日光を好む。花数は多くない。

カルノスム
Pelargonium carnosum

冬型

耐寒性：普通　耐暑性：普通
難易度：★★☆☆☆

ごつごつした白肌の幹から青磁色の葉を伸ばす。白く繊細な花を咲かせる。挿し木株は幹が太くならず細いまま育つので注意を。

トリステ
Pelargonium triste

冬型

耐寒性：普通　耐暑性：普通
難易度：★★★☆☆

枯れた木の幹状の塊茎から繊細な葉を伸ばす。株を大きくしたいなら、塊茎部を土に埋めて栽培するとよい。夏の高温多湿は避ける。

sp.nov
Pelargonium sp. nov. E of Patensie

冬型

耐寒性：普通　耐暑性：普通
難易度：★★☆☆☆

切れ目のある葉が特徴で、葉先はやや赤く色づく。高温多湿を嫌うので、風通しのよい場所で管理する。

ペラルゴニウム属の栽培カレンダー

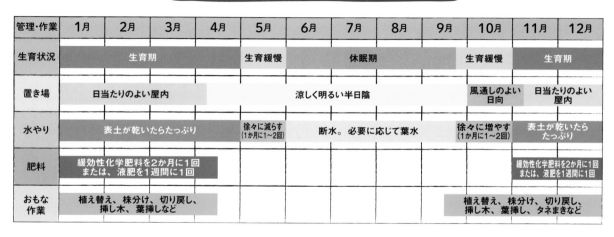

管理・作業	1月	2月	3月	4月	5月	6月	7月	8月	9月	10月	11月	12月
生育状況	生育期				生育緩慢	休眠期				生育緩慢	生育期	
置き場	日当たりのよい屋内				涼しく明るい半日陰					風通しのよい日向	日当たりのよい屋内	
水やり	表土が乾いたらたっぷり				徐々に減らす（1か月に1～2回）	断水。必要に応じて葉水				徐々に増やす（1か月に1～2回）	表土が乾いたらたっぷり	
肥料	緩効性化学肥料を2か月に1回または、液肥を1週間に1回										緩効性化学肥料を2か月に1回または、液肥を1週間に1回	
おもな作業	植え替え、株分け、切り戻し、挿し木、葉挿しなど									植え替え、株分け、切り戻し、挿し木、葉挿し、タネまきなど		

コーデックス ～その他の 春秋型

科　名	複数の科にまたがる
原産地	南アフリカ

ここで紹介している春秋型のコーデックスは栽培難易度が高めですが、置き場所と水やりに注意すれば、長く育てることができます。温暖な春と秋は屋外でしっかり日に当てましょう。風通しをよくするため、棚の上などに置いて管理するのがおすすめです。夏は明るい日陰に置いて断水し、雨に当たらないようにします。1年を通して風通しをよくし、水やりをしている期間は過湿にならないように注意しましょう。

飛竜
Euphorbia stellata

春秋型

耐寒性：普通　耐暑性：強い
難易度：★★★☆☆

トウダイグサ科ユーフォルビア属。四方に伸びるトゲだらけの枝が特徴。強光線を当てると葉の赤みが強く出る。

ラリレアキア・カクティフォルミス
Larryleachia cactiformis

春秋型

耐寒性：普通　耐暑性：普通
難易度：★★★★☆

キョウチクトウ科ラリレアキア属。緑白色のぼこぼこした姿はトゲのないサボテンのよう。秋に咲く花はカップ状で個性的。

春秋型コーデックスの栽培カレンダー

管理・作業	1月	2月	3月	4月	5月	6月	7月	8月	9月	10月	11月	12月
生育状況	休眠期		生育緩慢	生育期			休眠期			生育期	生育緩慢	休眠期
置き場	日当たりのよい屋内		日当たりのよい屋内 日中は屋外へ		風通しのよい日向 （種類によっては明るい半日陰）		雨の当たらない明るい半日陰			風通しのよい日向	日当たりのよい屋内	
水やり	葉水を1か月に1～2回		徐々に増やす (1か月に1～2回)	表土が乾いたらたっぷり			断水			表土が乾いたらたっぷり	葉水を1か月に1～2回	
肥料				緩効性化学肥料を2か月に1回 または、液肥を1週間に1回		徐々に減らす (1か月に1～2回)					緩効性化学肥料を2か月に1回 または、液肥を1週間に1回	
おもな作業			植え替え、株分け、切り戻し、挿し木、葉挿し、タネまきなど								植え替え、株分け、切り戻し、挿し木、葉挿し、タネまきなど	

コーデックス〜その他の冬型

科　名	複数の科にまたがる
原産地	南アフリカ、ナミビア

コーデックスは冬型種であっても、特別寒さに強いというわけではありません。5℃を目安に室内管理に切り替えるのがおすすめです。落葉して休眠する夏場は断水しましょう。人気のある「亀甲竜（きっこうりゅう）」には、南アフリカ原産で冬型の「アフリカ亀甲竜」と中米原産で夏型の「メキシコ亀甲竜」などがありますが、育てやすいのはアフリカ亀甲竜です。幼苗は塊根部を土に埋めて栽培すると、生育が早くなり、大きく育てることができます。

アボニア・クイナリア
Avonia quinaria

冬型

耐寒性：弱い　耐暑性：弱い
難易度：★★★★☆

スベリヒユ科アボニア属。濃いピンクの花に細くシルバーがかった茎が特徴。生長の遅い小型種。蒸れに弱いため水やりに気をつける。

モンソニア・クラシカウリス
Monsonia crassicaulis

冬型

耐寒性：普通　耐暑性：弱い
難易度：★★★☆☆

フウロソウ科モンソニア属。塊茎には長いトゲが生え、分岐しながら横へ広がる。春に花をつける。夏は断水して管理を。

アフリカ亀甲竜（きっこうりゅう）
Dioscorea elephantipes

冬型

耐寒性：普通　耐暑性：弱い
難易度：★★★☆☆

ヤマノイモ科ディオスコレア属。株が小さいうちは塊根に割れ目がなく、生長するにつれ割れる。日光を好み、晩春に落葉する。雌雄異株。

冬型コーデックスの栽培カレンダー

管理・作業	1月	2月	3月	4月	5月	6月	7月	8月	9月	10月	11月	12月
生育状況	生育期				生育緩慢		休眠期			生育緩慢	生育期	
置き場	日当たりのよい屋内				涼しく明るい半日陰					風通しのよい日向	日当たりのよい屋内	
水やり	表土が乾いたらたっぷり				徐々に減らす（1か月に1〜2回）		断水。必要に応じて葉水			徐々に増やす（1か月に1〜2回）	表土が乾いたらたっぷり	
肥料	緩効性化学肥料を2か月に1回または、液肥を1週間に1回										緩効性化学肥料を2か月に1回または、液肥を1週間に1回	
おもな作業	植え替え、株分け、切り戻し、挿し木、葉挿しなど									植え替え、株分け、切り戻し、挿し木、葉挿し、タネまきなど		

コーデックス
～その他の夏型

科　名	複数の科にまたがる
原産地	南アフリカ、ナミビア、南北アメリカ

コーデックスの生育型で、いちばん多くの種類をもつのが夏型です。生育期は屋外の明るい半日陰で管理し、夜温が10℃ほどになったら室内に移動させ、水やりも徐々に減らしていきます。冬の休眠期は落葉するものがほとんどですが、春になると新しい葉を展開させます。挿し木でふやせるものもありますが、種類によっては挿し木では幹が太りにくいものがあります。

ドルステニア・フォエティダ
Dorstenia foetida

耐寒性：普通　耐暑性：強い
難易度：★★☆☆☆

クワ科ドルステニア属。緑の幹は生長とともに銀色になる。太陽のような形の花がユニーク。丈夫な小型種で初心者でも栽培しやすい。

エディスコレア・グランディス
Edithcolea grandis

耐寒性：弱い　耐暑性：強い
難易度：★★★☆☆

キョウチクトウ科エディスコレア属。トゲをもち、濃紫色の網目模様の大輪の花が特徴。半日程度なら直射日光下でもOK。

ペトペンチア・ナタレンシス
Petopentia natalensis

耐寒性：弱い　耐暑性：普通
難易度：★★☆☆☆

キョウチクトウ科ペトペンチア属。ココナツに似た質感の塊根で、葉は表が緑で裏が紫色。休眠中の冬は十分日光に当てるとよい。

フィカス・ペティオラリス
Ficus petiolaris

耐寒性：普通　耐暑性：強い
難易度：★★☆☆☆

クワ科フィカス属。下部がふくらんだ塊茎と赤紫の葉脈が特徴。一年を通して直射日光下で管理する。真夏の生長期は屋外でもよい。

フーディア・ゴルドニー
Hoodia gordonii

耐寒性：普通　耐暑性：強い
難易度：★★★☆☆

キョウチクトウ科フーディア属。柱サボテンのような姿で、近年ではダイエット食材として話題。花はベージュ。断水して冬越しする。

マテレア・シクロフィラ
Matelea cyclophylla

夏型

ボスウェリア・ネグレクタ
Boswellia neglecta

夏型

耐寒性：弱い　耐暑性：強い
難易度：★★☆☆☆

カンラン科ボスウェリア属。乳香の原料としても有名で、渋みを感じる風格ある姿が人気の種類。直射日光を好む。

キフォステンマ・ユッタエ
Cyphostemma juttae

夏型

耐寒性：普通　耐暑性：強い
難易度：★★☆☆☆

ブドウ科キフォステンマ属。幹が太るにつれはがれる表皮が特徴的。実はブドウに似ているが有毒なので要注意。直射日光を好む。

火星人（かせいじん）
Fockea edulis

夏型

耐寒性：普通　耐暑性：強い
難易度：★★☆☆☆

キョウチクトウ科フォッケア属。巨大な塊根からつるを伸ばす人気種。株を切ると白い樹液が出る。雌雄同株で日光を好む。

耐寒性：弱い　耐暑性：強い
難易度：★★☆☆☆

キョウチクトウ科マテレア属。コルク質の塊根から太いつる性の茎が伸びる。花は黒紫色。過湿と低温に注意すれば比較的丈夫。

夏型コーデックスの栽培カレンダー

管理・作業	1月	2月	3月	4月	5月	6月	7月	8月	9月	10月	11月	12月
生育状況	休眠期			生育緩慢	生育期					生育緩慢	休眠期	
置き場	日当たりのよい屋内			日当たりのよい屋内か風通しのよい日向	明るい半日陰						日当たりのよい屋内	
水やり	断水			徐々に増やす（1か月に1～2回）	表土が乾いたらたっぷり				徐々に減らす（1か月に1～2回）		断水	
肥料					緩効性化学肥料を2か月に1回　または、液肥を1週間に1回							
おもな作業				植え替え、株分け、切り戻し、挿し木、葉挿し、タネまきなど								

コショウ科の多肉植物だけでも、さまざまな姿の種類を楽しむことができます。

コショウ科の中で多肉植物として一般に栽培されているのは、ピレア属とペペロミア属のみで、観葉植物としても人気があります。匍匐性、木立性などの樹形があり、葉の色、質感、形状なども多様なので、

ピレア属／ペペロミア属
Pilea / Peperomia

科　名	コショウ科
原産地	熱帯地域、南アメリカの北部や中央アメリカの亜熱帯地域

ピレア属、ペペロミア属とも管理しやすく生長が早いものが多いので、初心者でも植物を育てる楽しさを味わえる種類といえます。春秋型種が多いですが、夏型も多少あります。挿し木でよくふえ、群生する種類がたくさんあるのも特徴です。群生するものは通風を確保するため定期的に植え替えか株分けをし、鉢がいっぱいにならないようにしましょう。

コルメラ
Peperomia columella

春秋型

耐寒性：普通　耐暑性：普通
難易度：★★☆☆☆

ペペロミア属。塔型の茎に半透明の窓をもつ肉厚な葉がつく。群生すると小さな森のようで迫力がある。遮光下の乾燥した環境におく。

ニバリス
Peperomia nivalis

春秋型

耐寒性：弱い　耐暑性：弱い
難易度：★★☆☆☆

ペペロミア属。肉厚で半透明の窓がある黄緑の葉と、塔状に直立した茎が特徴の小型種。室内栽培向き。湿った土壌を好む。

ミクロフィラ
Pilea microphylla

夏型

耐寒性：普通　耐暑性：普通
難易度：★★☆☆☆

ピレア属。細やかな葉をつけた枝はシダを思わせる。観葉植物として流通することもあり、ある程度の乾燥には耐える。半日陰で管理を。

ペペロミオイデス
Pilea peperomioides

夏型

耐寒性：普通　耐暑性：普通
難易度：★★☆☆☆

ピレア属。ハスの葉のような丸葉で、地下茎に子株がつくタイプ。よく群生する。不定期に咲く花は小さく緑色で目立たない。

テトラフィラ
Peperomia tetraphylla

春秋型

耐寒性：弱い　耐暑性：普通
難易度：★★☆☆☆

ペペロミア属。つる性なのでハンギング仕立てに最適。半日陰と湿気を好み、初心者でも育てやすい種類。

ハチソニー
Peperomia hutchisonii

春秋型

グラベオレンス
Peperomia graveolens

夏型

耐寒性：弱い　耐暑性：弱い
難易度：★★☆☆☆

ペペロミア属。肉厚で楕円形の葉が特徴。茎や葉の裏側は赤で、葉の表側は緑色。室内管理がしやすい品種。乾燥した遮光下を好む。

スクテリフォリア
Peperomia scuterifolia

春秋型

耐寒性：普通　耐暑性：普通
難易度：★★★★☆

ペペロミア属。丸く平たい葉を地中の塊茎から展開させる。直射日光を避けて、室内で管理するのがよい。

耐寒性：普通　耐暑性：強い
難易度：★★★☆☆

ペペロミア属。横から潰されたように平らな葉は、爬虫類を思わせる凹凸のある灰褐色が特徴。半日陰で乾燥した環境で管理する。

●ピレア属・ペペロミア属の栽培カレンダー（春秋型）●

管理・作業	1月	2月	3月	4月	5月	6月	7月	8月	9月	10月	11月	12月
生育状況	休眠期		生育緩慢	生育期			休眠期			生育期	生育緩慢	休眠期
置き場	日当たりのよい屋内		日当たりのよい屋内 日中は屋外へ		風通しのよい日向 （種類によっては明るい半日陰）		雨の当たらない明るい半日陰			風通しのよい日向		日当たりのよい屋内
水やり	葉水を1か月に1～2回		徐々に増やす （1か月に1～2回）	表土が乾いたらたっぷり			葉水を1か月に1～2回			表土が乾いたらたっぷり		葉水を1か月に1～2回
肥料				緩効性化学肥料を2か月に1回 または、液肥を1週間に1回		徐々に減らす （1か月に1～2回）					緩効性化学肥料を2か月に1回 または、液肥を1週間に1回	
おもな作業			植え替え、株分け、切り戻し、挿し木、葉挿し、タネまきなど								植え替え、株分け、切り戻し、挿し木、葉挿し、タネまきなど	

※夏型種は、夏型球根性（→P138）に準ずる。

球根性の多肉植物

市場に流通している球根性の多肉植物の多くは南アフリカ原産で、とくに南アフリカ東南のケープ地方に自生しているものがよく知られています。日本では「ケープバルブ」と呼ばれ、ほとんどが多肉植物専門の業者しか扱わない球根植物として希少性があります。ユニークで個性的な草姿のものが多く、属により生育型が異なります。

冬型の球根性

科　名	複数の科にまたがる
原産地	おもに南アフリカ

球根性の多肉植物は、比較的多くの属が冬型になります。球根部分が大きくむき出しになったもの、細長い葉が螺旋を描くもの、ハオルチア属（⇨P72）のように葉に窓をもつものなど形状はさまざま。葉が波打ったり、螺旋状に巻いたりする冬型種は、風通しのよい場所に置き、生育期に水やりを控えて強い日差しを当てることで、葉の波や巻きが強くなります。夏は落葉して、球根部分だけで休眠するものが少なくありません。

アルブカ・スピラリス
Albuca spiralis

冬型

耐寒性：普通　耐暑性：普通
難易度：★★☆☆☆

キジカクシ科アルブカ属。葉の先端が螺旋状になる。ねじれ具合は生育期の受光量と通風の量で変化。花は甘い香りがある。

ボウィエア・ガリエペンシス
Bowiea gariepensis

冬型

耐寒性：普通　耐暑性：普通
難易度：★★★☆☆

キジカクシ科ボウィエア属。ツルのように枝を分岐させて展開。生育期はよく葉を伸ばすが、夏は落葉して休眠。冬に白い花を咲かせる。

ブルビネ・メセンブリアンテモイデス
Bulbine mesembryanthemoides

冬型

耐寒性：強い　耐暑性：普通
難易度：★★★☆☆

ススキノ科ブルビネ属。ぷっくりとした緑白色の葉で、先端に半透明の窓をもつ。強光線下で育てると葉は短く、ダルマ型に展開する。

ブルビネ・マルガレサエ
Bulbine margarethae

冬型

耐寒性：普通　耐暑性：普通
難易度：★★★☆☆

ススキノ科ブルビネ属。葉には白い筋模様が入り、個体差がある。葉の下に塊根がある。秋〜春は日光を当て、通風よく管理。

エリオスペルマム・パラドクサム
Eriospermum paradoxum

 冬型

耐寒性：普通　耐暑性：普通
難易度：★★★☆☆

キジカクシ科エリオスペルマム属。樹木のような姿が特徴。個体差もあるが、生長すると葉が白い微毛で覆われ粉雪をまとったようになる。

ブーフォネ・ディスティカ
Boophone disticha

冬型

耐寒性：普通　耐暑性：普通
難易度：★★☆☆☆

ヒガンバナ科ブーフォネ属。太い基部からやや波打った葉が扇状に広がる。生長は遅いが、株が充実すると花火のような花を咲かせる。

エリオスペルマム・ドレゲイ
Eriospermum dregei

冬型

耐寒性：普通　耐暑性：普通
難易度：★★★☆☆

キジカクシ科エリオスペルマム属。微毛で覆われた葉から、エネーションと呼ばれる細長い突起が何本も立ち上がる。

ブーフォネ・ハエマントイデス
Boophone haemanthoides

 冬型

耐寒性：普通　耐暑性：普通
難易度：★★☆☆☆

ヒガンバナ科ブーフォネ属。「ディスティカ」に似た大型種。ディスティカより葉に青みがあって幅広い。開花にはタネから20年以上かかる。

冬型球根性の栽培カレンダー

管理・作業	1月	2月	3月	4月	5月	6月	7月	8月	9月	10月	11月	12月
生育状況	生育期				生育緩慢	休眠期				生育緩慢	生育期	
置き場	日当たりのよい屋内				涼しく明るい半日陰					風通しのよい日向	日当たりのよい屋内	
水やり	表土が乾いたらたっぷり				徐々に減らす（1か月に1〜2回）	断水。必要に応じて葉水				徐々に増やす（1か月に1〜2回）	表土が乾いたらたっぷり	
肥料	緩効性化学肥料を2か月に1回または、液肥を1週間に1回										緩効性化学肥料を2か月に1回または、液肥を1週間に1回	
おもな作業	植え替え、株分け、切り戻し、挿し木、葉挿しなど									植え替え、株分け、切り戻し、挿し木、葉挿し、タネまきなど		

夏型の球根性

科　名	複数の科にまたがる
原産地	おもに南アフリカ

球根性の夏型種は、葉の模様や質感を楽しめるものが多いのが特徴です。夏型の代表でもあるレデボウリア属は丈夫な性質で、初心者でも育てやすい種類です。葉の間から花茎を伸ばし、春になると小さな花を鈴なりにつけます。日当たりを好みますが、強すぎる日差しは葉焼けを起こすことがあるので夏の直射日光には注意しましょう。気温が下がってくると落葉し、冬の間は球根のみの姿で休眠します。落葉が始まったら水やりを控えます。

レデボウリア・ソシアリス
Ledebouria socialis

耐寒性：普通　耐暑性：強い
難易度：★☆☆☆☆

クサキカズラ科レデボウリア属。ヒョウ柄の葉が特徴で、スズランに似た白に薄紫色の花をつける。強健で育てやすい初心者向け。

レデボウリア・クリスパ
Ledebouria crispa

耐寒性：普通　耐暑性：普通
難易度：★★☆☆☆

クサキカズラ科レデボウリア属。縁が波打った細長い葉が特徴の小型種。冬は落葉性で花は紫がかったピンクの春咲き。

レデボウリア・ガルピニー
Ledebouria galpinii

耐寒性：普通　耐暑性：普通
難易度：★★☆☆☆

クサキカズラ科レデボウリア属。凹凸と光沢のある暗緑色の葉が特徴。花はピンク。栽培は容易で、冬は落葉休眠する。

シラーsp.ホワイトフラワー
Scilla sp. White Flower

耐寒性：弱い　耐暑性：強い
難易度：★★★☆☆

キジカクシ科シラー属。淡緑色の葉身に深緑の斑点模様が特徴。平べったい肉厚な葉がランダムに広がる。

夏型球根性の栽培カレンダー

管理・作業	1月	2月	3月	4月	5月	6月	7月	8月	9月	10月	11月	12月
生育状況	休眠期			生育緩慢	生育期				生育緩慢		休眠期	
置き場	日当たりのよい屋内			日当たりのよい屋内か風通しのよい日向	風通しのよい日向（種類によっては梅雨明け～9月中旬は明るい半日陰）						日当たりのよい屋内	
水やり	断水			徐々に増やす（1か月に1～2回）	表土が乾いたらたっぷり				徐々に減らす（1か月に1～2回）		断水	
肥料					緩効性化学肥料を2か月に1回 または、液肥を1週間に1回							
おもな作業				植え替え、株分け、切り戻し、挿し木、葉挿し、タネまきなど								

春秋型の球根性

科　名	複数の科にまたがる
原産地	南アフリカ

球根性の多肉植物の中で春秋型種として流通する種類は少ないですが、代表的なボウィエア属ボルビリスは、「蒼角殿」の和名で昔から人気があります。むき出しになった翡翠色の球根（鱗茎）の頂点から、つる性の茎を伸ばすのが特徴です。夏は直射日光は避け、明るい日陰で管理するのがよいでしょう。休眠する冬は室内に取り込み、断水気味にします。長期間管理すると球根に茶色の薄皮を被りますが、問題はありません。

ボウィエア・ボルビリス（蒼角殿）
Bowiea yolubilis

春秋型

耐寒性：普通　耐暑性：普通
難易度：★★★☆☆

キジカクシ科ボウィエア属。細長い葉をつけたつるは年に数回枯れ込むが、またすぐに新しいつるを伸ばす。

ボウィエア・キリマンジャリカ
Bowiea kilimandscharica

春秋型

耐寒性：普通　耐暑性：普通
難易度：★★★☆☆

キジカクシ科ボウィエア属。「ボルビリス」に含まれることもある小型種。鱗茎は皮がめくれると黄緑の滑らかな肌を見せる。

春秋型球根性の栽培カレンダー

管理・作業	1月	2月	3月	4月	5月	6月	7月	8月	9月	10月	11月	12月
生育状況	休眠期		生育緩慢	生育期			休眠期		生育期		生育緩慢	休眠期
置き場	日当たりのよい屋内		日当たりのよい屋内 日中は屋外へ		風通しのよい日向（種類によっては明るい半日陰）		雨の当たらない明るい半日陰		風通しのよい日向		日当たりのよい屋内	
水やり	葉水を1か月に1〜2回		徐々に増やす(1か月に1〜2回)	表土が乾いたらたっぷり			葉水を1か月に1〜2回			表土が乾いたらたっぷり	葉水を1か月に1〜2回	
肥料			緩効性化学肥料を2か月に1回または、液肥を1週間に1回			徐々に減らす(1か月に1〜2回)					緩効性化学肥料を2か月に1回または、液肥を1週間に1回	
おもな作業			植え替え、株分け、切り戻し、挿し木、葉挿し、タネまきなど								植え替え、株分け、切り戻し、挿し木、葉挿し、タネまきなど	

part **3**

生育中の作業と栽培トラブルQ&A

大きく育った多肉植物をそのままにしておくと、
根腐れを起こしたり、病気になったりして枯れてしまうことがあります。
この章では、できるだけ長く楽しむため、定期的に行ったほうがよい
植え替えや仕立て直しの作業の方法を確認しておきましょう。
株をふやしたり、寄せ植えで飾ったりする楽しみ方も紹介しています。
栽培中の疑問は Q&A や用語解説を参考にしてみてください。

植え替えをしてみよう！

株が生長し鉢とのバランスが悪くなったり、水やりをしても鉢土に水が浸透しにくくなったら、植え替えが必要です。ベンケイソウ科などの生育の早いものは1〜2年に1回、コーデックス類やサボテンなど生育が緩やかなものは2〜3年に1回が目安です。

植え替えの目的と時期は？

環境を新しくして株をリフレッシュさせるのが植え替えの目的です。新しい土を加えてひと回り大きなサイズの鉢に植え替えることで、根の生長が促され、水、栄養、酸素などを吸収しやすくなります。

植え替えの適期

春秋型	夏型	冬型
3〜6月、9〜10月	4〜9月中旬（梅雨時は避ける）	10〜3月

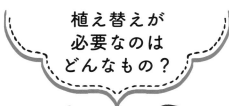

植え替えが必要なのはどんなもの？

次のような状態のものは、ぜひ植え替えをしましょう。株の大きさを一定に保ちたい場合は、植え替えと一緒に株分け（➡ P146）をすれば小さいまま管理できます。

植え替えが必要なもの

・ポット苗のもの
・根が鉢底や鉢土から飛び出ているもの
・湿気が多いわけではないのに枯れ葉が出ているもの
・下葉が落ちて貧弱になってきているもの
・3年以上植え替えしていないもの

植え替えと鉢増し

植え替えに似た作業に「鉢増し」があります。植え替えは根鉢をくずして根を整理しますが、鉢増しは根鉢をくずさずに植え替えます。植え替えは植物ごとに適期がありますが、鉢増しはいつでも行えます。

これは植え替え！

株がふえて鉢土が見えないアロエ。大きな鉢に植え替えるか、株分けで分割する。

ビニールポットは流通用の一時的な器なので、ポット入りのものは鉢に植え替える。

これを植え替え！

株がいっぱいになって根詰まりしてしまったガステリア。

植え替えの手順

用意するもの

・ひとまわり大きな鉢
・新しい用土（乾燥したもの）
・鉢底ネット

❶ 鉢から株を抜き、根鉢を手でくずしながら古い土を落とす。細い根や弱っている根は、土と一緒に手で取り除いてもよい。

❷ 清潔なハサミで残っている細い根や傷んだ根を切り取り、根全体をもとの長さの3分の1程度の長さになるようにカットする。

❸ 新しい鉢の底に鉢底ネットを置き、新しい用土を3分の1程度の高さまで入れ株を置く。水やりをひんぱんにできる人は、用土の下に鉢底石を入れて排水性を高めてもよい。

❹ 鉢の中に用土を入れ株を固定させる。わりばしなどで土を突きながら、根の隙間までしっかりと土を入れる。

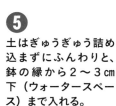

❺ 土はぎゅうぎゅう詰め込まずにふんわりと、鉢の縁から2〜3cm下（ウォータースペース）まで入れる。

その後の管理

雨の当たらない明るい半日陰で管理し、1週間経ってから水をやる。その後は通常管理でOK。

ポット苗の鉢増し

植え替えの適期以外に入手したポット苗は、鉢増しをして適期をまちます。ポットから抜いた苗は根鉢をくずさず、上記手順の❸からスタート。わりばしで根を傷つけないように。作業後の管理は植え替え時と同じです。

枯れている下葉などがある場合は、ポットから苗を抜く際に取り除く。

多肉植物をふやしてみよう！

大きくなった植物は、株をふやして楽しむことができます。ふやし方にはいくつかの方法がありますが、植物の種類によって成功しやすい方法が異なります。適した方法を選ぶようにしましょう。植え替えと同じように繁殖作業にも適期があります。

ふやす方法と作業に
適した時期は？

初心者でも挑戦しやすいものには、「挿し木」「葉挿し」「根挿し」「株分け」などがあります。

挿し木・葉挿し・根挿しは手軽で簡単ですが、植物によって向き不向きがあります。植物に適した方法を選ぶのが成功のコツです。株分けは子株のついた株を複数に分ける作業です。子株のふえ方の性質により3通りの方法があるので、性質に応じた方法で行います。

子株がつきにくい植物は、「芯割り」や「芯止め」で強制的に子吹きさせる方法もあります。

ふやし方の方法

挿し木	：葉のついた茎を切り取り、土に挿して発根させる
葉挿し	：葉だけを土の上に置いて発根させる
根挿し	：根だけを植えつけ、新芽を出させる
株分け	：親株から子株を分割させて複数の鉢に植えつける
	子株のつき方によって3通りの方法がある（⇨ P146）
芯割り	：生長点を縦に切って、新芽を出させる（⇨ P153）
芯止め	：生長点を横に切って、新芽を出させる（⇨ P153）

ふやす作業の適期

春秋型	夏型	冬型
3〜6月、 9〜10月	4〜9月中旬 （梅雨時は避ける）	10〜3月

挿し木の手順

クラッスラ「銀揃」。茎の一部を切り取り土に挿す。土に挿すものを「挿し穂」という。

--- 挿し木に向くもの ---
クラッスラ、セダム、パキフィツム、アエオニウム、カランコエなどで、枝分かれの多い木立性のもの、生育が早いもの。

❶ 清潔なハサミで、ぷっくりと充実した葉が3〜4枚以上ついている茎を切る。

❷ 長く伸びすぎた茎や、徒長した茎などを切って挿し穂にしてもよい。

❸ 数日〜1週間ほど明るい日陰に置き、切り口を乾燥させる。

❹ 新しい用土（➡ P12）に植えつける。発根後もそのまま育てる場合は、挿し穂同士がくっつかないように配置する。水やりは1週間ほど経ってから行い、その後は通常管理で。

葉挿しの手順

エケベリア「ローラ」。株の下葉から葉を取り外して土に挿す。小さめの葉のほうが発根しやすい。

── 葉挿しに向くもの ──
クラッスラ、セダム、パキフィツム、グラプトペタラム、カランコエ、アドロミスクスなどで、葉がぽろりと自然に落ちやすいもの。

❶ 充実した下葉をつけ根から取り外す。鉢から株を抜いて作業しても問題ない。葉が途中で折れたものは挿し穂には使えないのでていねいに取る。

❷ 取り外した葉は、つけ根を乾かすために数日～1週間ほど明るい日陰に置いておく。

❸ 新しい用土（➡ P12）に葉のつけ根を軽く挿す。強く挿すと発芽しにくい。縦に挿さず少し寝かせると、乾燥した土でも倒れない。

❹ 水やりは3～4日後から行う。霧吹きなどでやさしく与えるとよい。2～3か月すると新芽も生長してくる。

❺ 新芽は伸びてきたら切り取り、切り口を乾燥させてから新しい土に植えつけてもよい。

根挿しの手順

ハオルチア。植え替え（➡ P142）や株分け（➡ P146）のときに行うとよい。

── 根挿しに向くもの ──
ハオルチアの「万象」や「玉扇」の系統のもの。親株は根を取ってしまっても生長する。

❶ 鉢から抜いた株は古い土を落とし、太い根を取り外す。ひねりながら引き抜くとつけ根から取りやすい。

❷ 根は途中で折れても問題ない。折れた部分に「トップジンM」などの殺菌剤を塗っておくと安心。

❸ つけ根を3～4日ほど乾かし、新しい用土（➡P12）に植えつける。根の上下を間違えないようにし、根先を下に向ける。

❹ 根の頭は土の表面から5mmほど出しておく。水やりは3～4日後から行い、その後は通常通りに管理する。

▲約5か月後の様子。新芽がつき生長している。

145

株分けにはどんな方法があるの？

植物は親株に子株がつき、株が大きくなっていきます。大きくなった株は管理もしにくくなり、植えっぱなしのままでは株が徐々に弱ってきます。子株がふえ、鉢内が混み合ってきたら適宜株分けをしましょう。

子株のつき方は多肉植物の種類によって異なり、株分けの方法も子株のふえ方の性質により3通りあります。性質に応じたやり方で行いましょう。

株分け❶ 群生してふえるもの

親株の周囲に密着するように子株がついてふえていくものは、親株と子株を切り離して分けます。いちばん一般的な株分けで、多くの種類で行うことができます。

株分け❷ 地下茎でふえるもの

地下茎は土の中に伸びる茎で、根とは異なります。土の中で伸びた地下茎に新芽（子株）がつき、それが土の外に出て生長します。このタイプは地下茎を切って、親株と子株を分けます。

株分け❸ ランナーでふえるもの

ランナーは横に這うように伸びる茎のことで、匍匐茎とも呼ばれます。茎の先端や節に子株をつけ、発根した部分が土に触れるとそのまま根づきます。ランナーを切って、親株と子株を分けます。

株分けの手順 1
群生してふえるもの

ハオルチア「玉扇」。子株がふえると葉が密集してこんもりとしてくる。

─── 同じ株分けができるもの ───
アロエ、アガベ、エケベリア、セダム、ハオルチアなどで、親株のまわりに子株がつきやすいタイプ。単頭で楽しみたいものは1株ずつに、群生させて楽しみたいものは数株をひとまとめにして、いくつかに分ける。

❶ 株を鉢から抜いて、古い土を落とす。細い根や傷んだ根は切り取り、白く太い根を残す。枯れた葉があれば取り除いておく。

❷ 手で株を分ける。手で分けにくいもの、大株のものは、よく切れる清潔なハサミやナイフで切り分けてもよい。

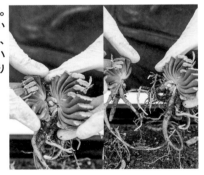

❸ 右の大きなものが親株。小さなものが子株。数日〜1週間ほど明るい日陰に置き、株分けした切り口を乾燥させる。

❹ 切り口が乾いたら、新しい用土（→P12）に植えつける。わりばしなどで土を突きながら、根の間までしっかり土を入れて株を固定する。

❺ 親株、子株、それぞれを植えつける。水やりは1週間ほど経ってから。その後は通常通りの管理でよい。

株分けの手順 **2**
地下茎でふえるもの

ハオルチア「竜鱗」。地下茎から出た子株がふえ生長すると、鉢内が密集してくる。

ハオルチア、ユーフォルビア、アガベ、モナデニウムなどの一部。地下茎でふえるタイプは、親株から少し離れた位置に新芽を出すことがある。

❶ 株を鉢から抜く。地下茎の先に子株がついているのがわかる。

❷ ハサミで地下茎を切り、子株を切り離す。白い根は短く切ってしまっても問題ない。

❸ 複数の子株を切り取る。切り取ったら数日〜1週間ほど明るい日陰に置いて、切り口を乾燥させる。

❹ 新しい用土（→ P12）に植えつける。鉢に用土を入れ、わりばしなどで穴を開けると、植えつけやすい。

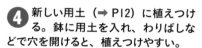

❺ 植えつけは複数でも1株ずつでもよい。水やりは1週間ほど経ってから。その後は通常通りの管理でよい。

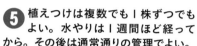

株分けの手順 **3**
ランナーでふえるもの

クラッスラ・モンタナ。そのままにしておくとツルのようにランナーが伸びていく。

センペルビウム、オロスタキス、セネシオ、オトンナなどでランナーが伸びるタイプのもの。

❶ ランナー（伸びている茎）をカットし、子株を切り分ける。

❷ 切り取った子株は、数日〜1週間ほど明るい日陰に置いて、切り口を乾燥させる。

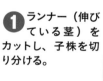

❸ 切り口が乾いたら、新しい用土（→ P12）に挿す。

❹ 水やりは1週間ほど経ってから。その後は通常通りの管理でよい。

仕立て直しをしてみよう！

徒長、葉の変色、落葉などで形が乱れた多肉植物は、仕立て直しをすることで姿を整えることができます。多肉植物は一般の植物よりも再生能力が高いので、根腐れなど多少のダメージも救出することができます。

どうして見た目がくずれるの？

多くの多肉植物は、日光不足、水分不足、過湿状態などが続くと姿が乱れてきます。日差しが強すぎると葉焼けを起こすこともありますが、基本的には株全体にしっかりと日を当てて管理します。蒸れないように通風の確保も重要です。水の与えすぎはよくありませんが、生長期は水分不足で元気がなくなることもあります。

作業の適期は、植え替えや株分け作業の適期と同じです（➡ P142）。仕立て直しをした株は、同じダメージをくり返さないように管理環境を見直しましょう。

徒長	葉焼け	葉の変色	葉のしわ
多くは日照不足が原因ですが、鉢内の過湿、水や肥料のやりすぎで起こることもあります。	室内管理から急に日差しを当てたり、真夏の直射日光など強すぎる日に当てたりすると、葉の一部が茶や黒く葉焼けします。葉焼けした葉はもとに戻りません。	水分過多になると葉がやわらかくなって変色します。放置すると根腐れを起こします。病害虫の可能性もあるので、よく観察しましょう。	水不足でしわしわになることもありますが、根腐れが原因のこともあります。根が傷んでいなければ、2～3回の水やりで回復します（⇨ P152）。

徒長した株の仕立て直し

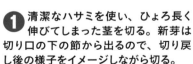

日照不足で徒長し始めたクラッスラ「火祭り」。枝を切って整える。枝を短く切り詰めることを「切り戻し」という。

❶ 清潔なハサミを使い、ひょろ長く伸びてしまった茎を切る。新芽は切り口の下の節から出るので、切り戻し後の様子をイメージしながら切る。

❷ 株全体の高さがそろうように切り戻しすると、バランスよく伸びて形がまとまってくる。日当たり、風通しのよい場所で通常通りに管理する。

❸ 切り取った枝は、短く分割して挿し木ができる。明るい日陰で切り口を乾かしてから、挿し木の要領で新しい用土に挿す（➡ P144）。

葉の変色の仕立て直し

茶色の斑点が出たクラッスラ。葉の変色はカビや葉焼けで起こる。

❶ 変色した葉は元に戻らないので切り取る。茎や枝を切るときは、緑の葉が残る位置で切る。

❷ 8〜9割ほどの葉を取ってしまっても再生は可能。小さいが正常な色の葉を残す。

半分枯れた株の仕立て直し

放置したままで下葉の半分以上が枯れてしまったエケベリア。生きている部分があれば再生可能。

❶ 鉢から抜いた状態。根が枯れてしまっている。

❷ 傷んで変色した部分をすべて取り除く。茎も生きた組織が残っているところまでカットする。

❸ 数日〜1週間ほど日陰に置いて切り口を乾燥させたあとは、挿し木の要領で新しい用土に挿す（➡ P144）。

根腐れの仕立て直し

過湿が原因で根腐れしたユーフォルビア・エノプラノ石化。下のほうが黒く変色している。ほとんどの多肉植物は生きている部分があれば再生できる可能が高いが、コーデックスは根腐れしてしまうと再生ができない。

❶ 株を鉢から抜いて状態を確認する。新しく伸びた部分も傷んで変色している。

❷ 緑色の生きている部分だけを清潔なハサミで切り取る。ユーフォルビアの切り口から出る白い樹液は、かぶれることがあるので手で触れないようにする。

❸ 樹液を水で洗い流し、1〜2週間ほど明るい日陰に置いて切り口を乾燥させる。切り口が乾いたら挿し木の要領で、新しい用土に挿す（➡ P144）。

寄せ植えをしてみよう!

エケベリア、クラッスラ、セダム、クラプトペタラムなどのベンケイソウ科は多肉植物の中でも丈夫で初心者が扱いやすい種類です。寄せ植えもさまざまな形や色を合わせてデザインすることができます。ぜひ挑戦してみましょう。

↑隣り同士になる植物は色や形が異なるものを選ぶと、引き立てあい魅力がアップ。リース型は大きめの多肉を配置した後、細かい挿し穂ですき間を埋めます。

↑鉢を複数並べることで庭やベランダに見せ場をつくることができます。所々に大きな多肉を使いメリハリを出すと遠目からでも目立ちます。

←主役の植物は鉢の中心をやや避けて配置を。主役を中心に準主役、脇役…と配置していくと上手くバランスがとれます。

寄せ植え制作・指導 ● 金沢啓子さん
多肉植物専門アトリエ「デイジー＆ビー」代表。グリーンアドバイザー。東京・目黒で多肉植物の販売、寄せ植え制作レッスン、庭や店舗の植物施工・コーディネートなどを手がける。
「daisy & bee の多肉でガーデニング」
https://daisy8.exblog.jp

寄せ植えでの 5 つの NG

1 高温多湿期に寄せ植えはしない!
夏でも涼しい地域は OK ですが、通常は春や秋など温暖な時期がベスト。

2 めずらしい多肉は寄せ植えしない!
レアな品種は管理が難しいことも。丈夫な種類を選んで行いましょう。

3 室内では育てない!
室内管理は徒長の原因になり、紅葉もしません。ただし極寒期は室内へ移動を。

4 長雨に当てない!
水分コントロールは基本的に人が行います。雨が続く時期は置き場所を考えて。

5 何年も植えっぱなしにしなし!
形が乱れたら挿し直しを。土が固くなったら植え替えしましょう。

寄せ植えの手順

> **用意するもの**
> ・寄せ植えする多肉植物（9種）
> ※苗は水を切って、乾いた状態にしておくと扱いやすい。
> ・鉢（4号）と鉢底ネット
> ・赤玉土（大玉）（極小）

❶ グラプトペタラムは、下葉を2〜3枚残してカットし、挿し穂にする。クラッスラやセダム類は軽く根鉢を崩し、株分けで小分けにしておく。

❷ 鉢底ネットを置いた鉢に大玉赤玉土を高さ1cmほど入れた後、極小赤玉土を入れながら主役のエケベリアの高さを調節する。エケベリアは根鉢の肩と底を少し崩し、鉢の淵に寄り掛からせるように斜めに置く。

❸ 小分けにしておいた植物をバランスを見ながら配置し、極小赤玉土を入れて固定する。棒などで土を突きながら、根や株の隙間にも土を入れる。根を傷めないように注意する。

❹ 1寸鉢の苗は、根鉢の底の部分を軽くほぐしエケベリアに沿わせて植える。セダムは指でひとつまみずつちぎり、土に挿すように埋め込む。

❺ 隙間が空いている部分は、ハサミでカットしたセダムやクラプトペタラムを挿して埋めていく。必要なら土を追加し、表面をならし整える。

❻ 中心を高くして、全体が半球形になるよう整えると美しく仕上がる。日当たりのよい場所に置き、水やりは4〜5日経ってから。その後は土が完全に乾いてから与える。エケベリアの葉の中心に水が溜まらないようにする。

「エケベリア・サブセシリス」を主役にクラッスラやセダムなどで色彩豊かな寄せ植えに。苗は挿し穂にしたり、ちぎって使ったりしているので、ぎっしり寄せても鉢内には根の伸びる余裕があります。伸びてきたものはカットし、挿し穂にしてリメイクに利用できます。

Q セネシオの葉が、しわしわになってしまいました。元に戻りますか？

A 生育期なら水不足が原因かもしれません。鉢の底から水がしみ出る程度にたっぷりと水をやってみましょう。休眠期であれば、通常の栽培方法でもしわがでることがあるので心配ありません。

生育期に1〜2回水を与えてもしわしわが戻らない場合は、根腐れしている可能性があります。その場合は、株を鉢から抜き取って古い土を落とし、腐った根を取り除きます。株は数日〜1週間ほど明るい日陰に置いて乾かしてから、新しい土に植えつけましょう。

根腐れが茎まで届いているようなら、腐った部分を全部切り取り、残りを挿し穂にします。挿し穂は、数日〜1週間ほど切り口を乾かしてから挿し木します。

🌱 セネシオ「美空鉾」の葉

左がぷっくりと膨らんだ通常の葉。右は水分不足で葉が細くなりしわが出ているものもある。

Q 紅葉する種類と聞いたのですが、なかなか色づきません。なにが原因でしょうか？

A 多肉植物も一般の植物と同じように気温の低下と日当たりによって、きれいに紅葉する場合としない場合の差が出てきます。10月に入ったら半日陰や遮光の管理をやめて、日当たりのよい場所に移動させましょう。

10月中旬ごろまでは雨や霜を避けられる屋外に置いて、しっかりと日に当てるようにすることがきれいに紅葉させるためのコツです。きれいに紅葉させるには、早めに肥料やりを止めて肥料を切らすのもポイントです。

Q 枯れた下葉やコノフィツムなどの枯れた皮は、どうしたらいいですか？

A エケベリアやセンペルビウムなどは、下葉が枯れて株の中央から新しい葉が伸びて生長します。枯れた下葉を放置すると株が蒸れてしまうこともあるので、枯れた下葉は手で引っぱって取り外すようにします。

コノフィツムなどの枯れた皮は、取り除いてもそのまま残してもどちらでもかまいません。

Q アガベを育てていますが、なかなか子株が出てきません。どうしたら子株が出てきますか？

アガベの中には子吹きや分頭（生長点の芽が分かれること）がしにくい種があります。その場合は、芯割りや芯止めを試してみましょう。芯割りは、株の生長点に縦に切れ目を入れ、強制的に子株をつける方法です。芯止めは、株の上部の生長点を切り取って上に伸びないようにし、葉の脇から子株をつける方法です。

ハサミやナイフは、よく切れる清潔なものを用意します。切り口は乾燥するまで触れないようにしましょう。

アガベ「白糸の王妃錦」の芯止め

1. 幹の途中で横からハサミを入れて、上部を切り取る。

2. 切る位置の目安は、幹の組織が見える程度。新葉の中心にある生長点よりも下の位置で切る。切り口の断面には水をかけないようにして、通常通りに管理する。

3. 3〜4か月ほどで、切り口の下の葉の脇から子株が出る。さらに7〜8か月経ち子株が十分育ったら、切り取って挿し木する。

4. 切り取った上部も、幹の組織が残っていれば挿し木できる。数日〜1週間ほど日陰で切り口を乾かしてから、新しい土に挿す。水やりは1週間経ってから行う。

アガベ「チタノタ錦」の芯割り

1. 作業をしやすくするために、株の先端にある生長点の周囲の葉をカットして取り除く。

2. 株の中心にナイフの刃をおいて切れ込みを入れる。

3. 生長点の中央を2つに分けるように切る。

4. 切り口が元に戻らないよう、切れ込みの部分に石をはさむ。

5. 半年〜1年ほどで切り口から子株が芽吹くので、それを切り離して植えつける。管理は通常通りでよいが、切り口の断面には水をかけないようにする。

Q コノフィツム「聖園」の茎が長く伸びて木質化しています。このままで大丈夫でしょうか？

A

木質化よりも、この品種にしては通常より葉が小さいのが気になります。コノフィツムの根は細く、根や用土が古くなると水分や栄養分を吸収しにくくなります。この株は用土が古くなり、新しい根も発達しにくい状態なので、株分けをして新しい用土に植え直しましょう。

● コノフィツムの株分け

1. 鉢から抜いた株は古い土を落とし、手で株を分ける。根のついた親株と、親株から切り離した子株はどちらも挿し穂にできるが、根がついたものと根がないものでは、水やりの頻度が変わるので、同じ鉢には植えつけないようにする。

2. 根が傷んでダメになっている場合は、茎が生きている部分まで切り戻す。茎の中心に白い組織があれば生きているので、挿し穂にできる。

3. それぞれの切り口は、1週間ほど明るい日陰で乾かしてから土に挿す。水やりは3〜4日後から。その後は通常通りに管理する。数株まとめて挿したものは、1年後に植え替えを。

Q アロエの下葉が枯れてしまいました。元気な部分を切り戻しすればよいでしょうか？

A

よく見ると、枯れ葉の下から新しい芽が出ています。上部の元気な部分は切り戻して挿し木し、新芽部分は新しい用土で植え替え、鉢内をリフレッシュさせます。

● アロエの仕立て直し

1. 新芽を傷つけないように、新芽の上の部分の茎をハサミでカットする。

2. カットした上部は、枯れた下葉を取り除く。2〜3週間ほど明るい半日陰に置いて切り口を乾かしたあと、新しい土に挿す。発根を確認してから挿しても問題ない。

3. 元の株は枯れた葉を取り除き、根詰まりしていなければ、そのまま緩効性の固形肥料を与えればよい。根詰まりしていたら、ひと回り大きな鉢に植え替える。

4. 植え替えの場合は、根鉢の土を軽く落とし、乾いた新しい用土で植え替える。水やりは3〜4日後からで、その後は通常通り管理する。

接ぎ木をしてみたいのですが、どんな種類が向いていますか？

A 接ぎ木は、根が弱く自力では育ちにくい植物を、生育が早く根が丈夫な別の種類の植物と接合させて、生長を促進させるものです。生育の早い植物は接ぎ木の下の部分で「台木」と呼ばれます。台木に乗せる植物は「穂木」と呼びます。穂木は台木の根から水分や養分を吸収して生長していきます。

コーデックスの「恵比須笑い」は、根が少なくて弱く、根腐れしやすいので、同じ属のパキポディウム・ラメレイや白馬城に接ぎ木すると育てやすくなります。台木が小さすぎると難しいので、ある程度生長したものを使うようにしましょう。

サボテンは店頭でも接ぎ木したものをよく見かける。柱サボテン（三角柱）が台木、赤い球形サボテン（緋牡丹）が穂木。

●「恵比寿笑い」の接ぎ木

1. 台木となるラメレイは、茎の葉のついている下の部分で横にナイフを入れて上部を切り取る。断面の細胞ができるだけ傷つかないように、よく切れる清潔なナイフを使い、きれいに真っ直ぐ切れなかったら何度でもやり直してよい。

2. 穂木となる恵比須笑いは、根を切り取る。こちらも、切り口を真っ直ぐきれいに切る。

3. 台木に、恵比須笑いの上部を押しつけるように乗せる。

4. しつけ糸を巻いて、台木と穂木がずれないように固定する。まずはポット部分に糸を巻きつけてから株のほうに糸を回すと固定しやすい。

5. 糸で圧をかけて、切り口が密着するようにしっかりと固定する。

6. 固定できたら、通常通りの管理に。水やりは切り口に水がかからないように注意する。3〜4週間後、穂木に新しい葉が展開してきたら糸を外す。台木の部分からラメレイの枝が出てきたら、伸びないうちに切り取る。

多肉植物栽培に関わる用語解説

栄養繁殖 （えいようはんしょく）
タネによらず、葉茎や根など個体の一部を使って新しい個体をつくること。栄養繁殖でつくられることを栄養系という。株分け、挿し木は栄養繁殖のひとつ。

塊根 （かいこん）
根の部分に水分を貯蔵して多肉状に肥大したもの。

株分け （かぶわけ）
生長し子株がついた株を、いくつかの株に切り放すこと。⇒ P144

木立性 （きだちせい）
茎や枝が、木の幹のように上部に立ち上がって伸びる性質のこと。

休眠 （きゅうみん）
個々の植物にとって生長に適さない環境のときに、一時的に生長を休むこと。

子株 （こかぶ）
ひとつの親株から分かれてできた株のこと。子株がつくことを子吹きという。

コーデックス
茎や根に水分を蓄えて肥大する植物のうち、肥大した茎や根を観賞する種類。

挿し木 （さしき）
根のついていない枝や茎を土に挿して根を出させ繁殖させること。⇒ P144

自家受粉 （じかじゅふん）
ひとつの個体（株）にできた花粉が同じ個体の花の雌しべについて受粉すること。別個体の雌しべに受粉することは他家受粉（たかじゅふん）という。

シノニム
同一種に対してつけられた複数の名前。異名。

雌雄異株 （しゆういしゅ）
雄花のみをつける雄株と、雌花のみをつける雌株がある種。雄花と雌花が別々で同じ株に咲くものは雌雄同株（しゆうどうしゅ）という。

石化 （せっか）
生長点が生長線になり、茎が扁平な形に変形すること。綴化（てっか）、帯化（たいか）ともいう。茎の先端が板状分化する場合と、いくつかの枝がくっついて平面上に広がる場合がある。

節間 （せっかん）
枝や茎の葉のつく部分を節（せつ）といい、節と節の間を節間という。

属間交配 （ぞくかんこうはい）
異なる属の植物が交雑すること。セデベリア（セダム×エケベリア）、パキベリア（パキフィツム×エケベリア）、グラプトベリア（グラプトペタラム×エケベリア）などは属間交配種。

タコモノ
ユーフォルビア属の中で、枝をタコの脚のように四方に何本も長く伸ばす種類のこと。タコモノ種などともいう。

単頭 （たんとう）
芽がひとつのもの。親株の基部を残した状態で、上部に芽が複数つき株分かれすることを分頭（ぶんとう）という。

断水 （だんすい）
多肉植物の栽培で、水やりを行わず、鉢土を乾燥させること。休眠中は水をやらないで休眠、活動を停止させたほうがよい種がある。

綴化 （てっか）
⇒石化を参照。

軟葉系 （なんばけい）
ハオルチアの中で、葉の上部に「窓」とよばれる半透明の部分があり、葉がやわらかい種類のもの。⇒ P72

根腐れ （ねぐされ）
鉢内の過湿などにより根が腐ること。放置すると、水分や養分が吸収できず枯れてしまうことがある。病気や肥料が多すぎること、排水がよくない場所での栽培などでも起こる。

葉挿し （はざし）
茎から切りはなした葉から直接芽を出させて繁殖させること。⇒ P145

葉水 （はみず）
葉や表土に直接水をかけること。多肉植物の場合は、霧吹きなどで表土に水を吹きつけることが多い。⇒ P14

葉焼け （はやけ）
強い光に当たったために葉が本来の色とは違う色になったり傷んだりすること。

半日陰 （はんひかげ）
直射日光をが当たらない場所、または日中のうち半日くらい日が当たること。寒冷紗などで光を遮る場合もある。

斑 （ふ）
葉、茎、花弁などの一部に、葉緑素が抜けてその種類がもともともっている色とは異なる色が出ていること。斑のあるものを斑入り種といい、鑑賞価値が高くなることがある。

覆輪 （ふくりん）
葉や花弁の外縁部分に入る斑のこと。

不定芽 （ふていが）
茎や枝の先端につく芽を頂芽、葉の脇につく芽を側芽といい、このように決まった位置につく芽を定芽、それ以外の位置につく芽を不定芽という。

匍匐性 （ほふくせい）
茎や枝が横に伸びて地面を這うように伸びること。

実生繁殖 （みしょうはんしょく）
タネから新しい個体を育てること。実生繁殖により育てることを実生をするという。

木質化 （もくしつか）
やわらかい茎が茶色になり、木の枝のように硬くなること。木化（もくか）ともいう。

ランナー
地下茎の一種で、株元からでた茎が地面を這うように伸びるもの。

ロゼット
茎が短く、葉が重なりあうように育っている状態。葉は放射状につくことが多いが、左右に重なるもの、十字型に重なるものなどもある。

sp. / ssp.
どちらも学名表記の際に使用する略称。sp. は「species」の略で、種という意味。属は特定されているが、種が不明の場合などにつける。ssp. は「subspecies」の略で、亜種という意味。

植物索引

グリーン文字は属名。黒文字は種小名または園芸名。

157

監 修 者

長田 研（おさだ・けん）

1975 年静岡県生まれ。多肉植物の生産・出荷・輸出入を行う
ナーセリー「カクタス長田」経営。アメリカ・バージニア大学で生
物と化学を学び、交配種の作出や海外品種の日本導入などを積
極的に行っており、新しい種にもくわしい。国内外の多肉植物の
研究者や関係者との交流も深く、自身も日本の多肉植物業界を牽
引するひとり。おもな著書に、『NHK 趣味の園芸 12 か月栽培ナ
ビ NEO コーデックス』、『NHK 趣味の園芸 よくわかる栽培 12 か
月 多肉植物』（ともに NHK 出版）、『特徴がよくわかる　おもしろ
い多肉植物 350』（家の光協会）などがある。

協　　　力	カクタス長田　アトリエ Daisy & bee（金沢啓子）
撮　　　影	牛尾幹太（KantaOFFICE）
本文デザイン	白土朝子
カバーデザイン	白畠かおり
Ｄ Ｔ Ｐ	大日本印刷
イ ラ ス ト	seesaw.
執 筆 協 力	中居惠子　小石めぐみ　倉本由美
編　　　集	倉本由美（ブライズヘッド）

はじめてでもうまくいく！
わかりやすい多肉植物の育て方

2021 年 2 月 10 日　第 1 刷発行
2022 年 10 月 10 日　第 3 刷発行

監 修 者	長田 研
発 行 者	永岡純一
発 行 所	株式会社永岡書店
	〒 176-8518　東京都練馬区豊玉上 1-7-14
	代表　03（3992）5155
	編集　03（3992）7191
印刷・製本	大日本印刷

ISBN978-4-522-43801-5　C2076